Grundlagen der Zeitreihenanalyse

Von

Dr. Bernd Leiner
Professor für Statistik
an der
Universität Heidelberg

4., völlig neu bearbeitete Auflage

R. Oldenbourg Verlag München Wien

Dieses Werk ist bis einschließlich der 3. Auflage unter dem Titel „Einführung in die Zeitreihenanalyse" erschienen.

Die Deutsche Bibliothek - CIP-Einheitsaufnahme

Leiner, Bernd:
Grundlagen der Zeitreihenanalyse / von Bernd Leiner. – 4., völlig neu bearb. Aufl. – München ; Wien : Oldenbourg, 1998
Bis 3. Aufl. u.d.T.: Leiner, Bernd: Einführung in die Zeitreihenanalyse
ISBN 3-486-24756-5

Rosenheimer Straße 145, D-81671 München
Telefon: (089) 45051-0, Internet: http://www.oldenbourg.de

Gedruckt auf säure- und chlorfreiem Papier
Gesamtherstellung: R. Oldenbourg Graphische Betriebe GmbH, München

ISBN 3-486-24756-5

Inhaltsverzeichnis

Seite

Vorwort

Meine im R. Oldenbourg Verlag erschienene *Einführung in die Zeitreihenanalyse* ist in die Jahre gekommen. An die Stelle der anstehenden 4. Auflage soll nun, nach einer gründlichen Überarbeitung, ein Lehrbuch treten, das den Titel *Grundlagen der Zeitreihenanalyse* trägt. Zu diesem Zweck wurden überholte Teile des älteren Werkes (etwa die Darstellung des Berliner Verfahrens) eliminiert, wie man in der Zeitreihenanalyse sagt. Dies schuf Platz für moderne Aspekte der Zeitreihenanalyse, die der Leser nun vor allem im umfangreichen 9. Kapitel (Grundbegriffe der Frequenzanalyse) findet.

Auch sonst wurde die Präsentation gestrafft, so daß damit ein Werk geschaffen wurde, daß auch für Praktiker und fortgeschrittene Anwender von Interesse sein wird. Im Anhang findet man methodische Betrachtungen zur Verschiebung des Zeitindexes und zu aktuellen Trendschätzungen. Interessierte Leser darf ich darauf hinweisen, daß meine im gleichen Verlag erschienenen *Grundlagen statistischer Methoden* sich unter anderem mit multivariaten Ansätzen befassen und daher als Ergänzung zu diesem Buch geeignet sind.

Herrn Diplom-Volkswirt Martin Weigert danke ich stellvertretend für die nun schon bald zwei Jahrzehnte dauernde ausgezeichnete Zusammenarbeit mit dem R. Oldenbourg Verlag.

Meiner 12. Monographie, die jetzt dem von mir seit Jahren gehaltenen zweisemestrigen Kurs an der Wirtschaftswissenschaftlichen Fakultät der Universität Heidelberg entspricht, gebe ich alle meine guten Wünsche mit auf den Weg und danke an dieser Stelle meinen Leserinnen und Lesern für ihr meinen Werken gegenüber gezeigtes Interesse.

Bernd Leiner

1. Kapitel

Einführung

Die Zeitreihenanalyse ist ein Teilgebiet der Statistik, das in fast allen Wissensgebieten Anwendung finden kann. Wir begegnen ihr überall in den Naturwissenschaften, wenn natürliche Phänomene im Zeitverlauf beobachtet werden. So zählen die Aufzeichnungen über Temperatur, Luftdruck und Niederschlagsmengen zu den Zeitreihen, die schon seit Jahrhunderten zur Verfügung stehen.

In früheren Jahrhunderten kam der Astronomie große Bedeutung zu. Ihre Erkenntnisse, wie etwa die Bestimmung der Umlaufbahn von Planeten und Asteroiden, waren von Interesse nicht nur für Wissenschaftler, sie erfreuten sich allgemeiner Beachtung und führten dazu, daß Mathematiker wie Gauß sich einen Namen machten, wenn sie hier Methoden der Zeitreihenanalyse erfinden und einsetzen konnten.

Zahlreiche andere naturwissenschaftliche Anwendungen, die vor allem mit der zeitlichen Auswertung von Versuchen und Versuchsanordnungen verbunden sind, sind hier zu nennen. Hervorzuheben ist der Einsatz von Methoden der Zeitreihenanalyse in der Medizin, so daß heute z.B. eine Fieberkurve schon zum allgemeinen Kenntnisstand zu zählen ist.

Mit der Entwicklung der Verhaltenswissenschaften begann in einem anderen Wissenschaftsgebiet das Interesse für diese Form der Analyse der gewonnenen Daten. So gehören heutzutage laufende Befragungen von Probanden zu den Anwendungsmöglichkeiten der Zeitreihenanalyse in der Psychologie. Daß die Auswertung soziologischer Zeitreihen mittels Computereinsatz mittlerweile Standard ist, bedarf eigentlich keiner Erwähnung.

Die in den Betrieben erstellten Gewinnzeitreihen sind in ihren Grafiken schon Bestandteil der üblichen Cartoons, wenn der Chef voll Entsetzen feststellen muß, daß diese Kurven schon die Tafel verlassen und sich dem Boden seines Büros nähern.

Ernsthaft setzte sich die Volkswirtschaftslehre schon zu Zeiten des Harvard-Barometers mit Zeitreihen auseinander. Dessen Unfähigkeit, die Weltwirtschaftskrise des Jahres 1929 vorherzusagen, führte zur Begründung einer neuen Disziplin, der Ökonometrie, die ohne multivariate Zeitreihenanalyse unvorstellbar ist.

So wollen wir uns diesem Methodenarsenal zuwenden und zunächst einmal hinterfragen, was eine Zeitreihe ist.

1.1. Allgemeines

Zeitreihen können in der Statistik exakt definiert werden:

Eine *Zeitreihe* ist eine nach dem Zeitindex geordnete Menge von Beobachtungen x_t einer Zufallsvariablen X_t mit $t = 1, ..., T$, d.h. es liegen T Beobachtungen vor.

Hierbei geht man davon aus, daß das betrachtete Phänomen (beispielsweise das Volkseinkommen eines Landes) mit der Zeit variiert und in irgendeiner Weise Zufallseinflüssen unterworfen ist, so daß dem Phänomen diese *Zufallsvariable* zugeordnet werden kann. Genauer betrachtet, werden dem Phänomen in insgesamt T zu untersuchenden Zeitperioden T Zufallsvariablen zugeordnet, d.h. im Beispiel, daß die Zufallsvariablen X_1 , ..., X_T für die zeitlich aufeinanderfolgenden T Werte des Volkseinkommens dieses Landes stehen. In der Periode t nimmt dann die zu beobachtende Zufallsvariable X_t den tatsächlichen Wert x_t an, d.h. dies ist der Wert, der sich unter allen vorstellbaren reellen Werten in der Periode t (etwa im Jahre 1997) realisiert hat. Man spricht daher in der Wahrscheinlichkeitsrechnung auch von den *Realisationen* einer Zufallsvariablen, was in der Praxis bedeutet, daß in unserem Beispiel sich im Jahre 1997 auch ein anderer als der gemessene Wert des Volkseinkommens hätte ergeben können. Wer die Datenproduktion hochaggregierter ökonomischer Makrodaten verfolgt, die in neuerer Zeit auf Hochrechnungen von Stichprobenerhebungen zurückgreifen, kann sich nicht dem Gedanken verschließen, daß hier öfters der Zufall eine Rolle spielt, als daß man ernsthaft von einer Abfolge streng logischer Prozesse reden kann, die letzten Endes auf den rationalen Willensentscheidungen von Wirtschaftssubjekten beruhen sollen. So ist es durchaus legitim, für die Makroökonomie in ökonomischen Gleichungen Zufallsvariablen zu verwenden. Die Ökonometriker tun dies schon seit der Begründung ihrer Wissenschaft. Es ist weiterhin unmittelbar klar, daß sich in einem anderen Jahr dem gleichen Phänomen (etwa dem Volkseinkommen des Vorjahres) eine andere Zufallsvariable zuordnen läßt, denn die Einflüsse auf die Höhe eines Volkseinkommens sind sicherlich in jedem Jahr anders. In der Praxis konzentrieren wir uns auf die T *Beobachtungen* x_1 , ..., x_T , wie wir unsere Realisationen hinfort bezeichnen wollen.

In der Zeitreihenanalyse sind die Beobachtungen zumeist *äquidistant*, d.h. der zeitliche Abstand zwischen zwei aufeinanderfolgenden Perioden ist konstant.

So unterscheidet man nach diesem zeitlichen Abstand z.B. zwischen Jahresdaten, Halbjahresdaten, Quartalsdaten, Monatsdaten und börsentäglichen Daten. Für viele makroökonomische Größen bilden Jahresdaten immer noch die Regel, nur für wenige ökonomisch relevante Daten liegen Monatsdaten vor. Da die zeitliche Erfassung z.B. im Monatsabstand strenggenommen nicht äquidistant ist, weil die Monate unterschiedliche Anzahlen von Tagen aufweisen, sind im einzelnen Korrekturen vorzunehmen, auf die noch einzugehen sein wird.

Die Beobachtungen eines ökonomischen Phänomens sind ihrer Natur nach *diskrete Daten*.

Insbesondere makroökonomische Daten verursachen gewaltige Kosten, so daß Erhebungen nur in großem zeitlichen Abstand möglich sind. In den Naturwissenschaften können oft Daten eines Phänomens kontinuierlich erhoben werden. Beispiele hierfür liefern etwa die Physik mit astronomischen Beobachtungen, die Chemie mit der fortlaufenden Beobachtung eines chemischen Prozesses, die Ingenieurwissenschaften mit Crashtests oder auch die Medizin mit einem an einem Patienten vorgenommenen Elektrokardiogramm, wobei diese Messungen direkt analog von Computern verarbeitet werden können. Diese Beispiele mögen zugleich veranschaulichen, daß die Zeitreihenanalyse universell in allen Wissenschaftsbereichen Anwendung findet. Gleichwohl zwingt zuweilen die Datenfülle auch Naturwissenschaftler zu einer Dezimierung ihres Datenmaterials. Um noch den Überblick zu behalten, werden dann nur zu festen Zeitpunkten Beobachtungen ausgewertet, d.h. die eigentlich kontinuierlichen Daten werden diskretisiert. Mit der Einschränkung auf den diskreten Datentyp können wir einen großen Teil der Beiträge zur Zeitreihenanalyse vernachlässigen. Dies ist zumindest für die Ökonomen eine große Erleichterung, die nicht gerne mit Integralen arbeiten.

Im Unterschied zu Daten, die man als Querschnittsdaten bezeichnet, weil sie zu einem fixierten Zeitpunkt etwa einen Querschnitt der Bevölkerungsstruktur vermitteln sollen (z.B. eine Volkszählung als Vollerhebungen ebenso wie der Mikrozensus als Stichprobenerhebung), beruhen Zeitreihen auf *Längsschnittdaten*.

Eine interessante Mischung von Querschnittsdaten mit Längsschnittsdaten stellen die Daten dar, die mit Panel-Studien gewonnen werden. Hierbei werden Kohorten von zu befragenden Personen in bestimmten Zeitabständen die gleichen Fragen vorgelegt, um etwa in Haushaltsbefragungen mit derartigen Wellen von Befragungen festzustellen, wie sich die Situation dieser Haushalte verändert hat.

Die Zeitreihenanalyse sollte grundsätzlich auf vollständigen Datensätzen beruhen.

Das Problem fehlender Daten (*missing values*), das sich bei Querschnittsdaten aus der Nichtbeantwortung eines Fragebogens oder einzelner Fragen desselben ergibt, tritt in der Zeitreihenanalyse normalerwiese nicht direkt auf, da solche in Zeitabständen durchgeführten Erhebungen, wenn sie einmal im Gange sind, so leicht nicht unterbrochen werden. Fehlt dennoch einmal ein Wert, so kann man ihn etwa durch das arithmetische Mittel seiner beiden benachbarten Werte schätzen. In der amtlichen Statistik z.B. wurde nach dem Volkszählungsurteil des Bundesverfassungsgerichts im Jahre 1983 der Mikrozensus für zwei Jahre ausgesetzt. Ein anderes Beispiel liefert die Waldschadenserhebung, die zum Zeitpunkt der deutschen Wiedervereinigung in einzelnen alten Bundesländern nicht durchgeführt wurde.

Wie auch das Thema „Umwelt" veranschaulicht, scheint es eher schwierig zu sein, die notwendigen statistischen Erfassungen erst einmal im gebotenen Ausmaß zu starten. Derartigen Problemen sehen sich auch Betriebsstatistiker gegenübergestellt, die für interessierende Variablen keine langen Zeitreihen im Unternehmen vorfinden. Hier ist im Zweifel die Pionierarbeit selbst vorzunehmen, um in Zukunft auf die benötigten Zeitreihen zurückgreifen zu können. Dies können dann auch die seltenen Fälle sein, wo Daten in arbeitstäglicher Form geschaffen werden.

Sogenannte *Strukturbrüche* sind für die langfristige Beobachtung eines Phänomens von besonderer Bedeutung. Hierunter versteht man abrupte Veränderungen eines Phänomens aufgrund von Veränderungen seiner verursachenden Grundlagen.

Hiermit ist das Problem angesprochen, daß es nur Sinn macht, ein Phänomen längere Zeit zu beobachten, wenn der Kausalzusammenhang, in den das Phänomen eingebettet ist, sich im Laufe der Zeit nicht gravierend verändert. Ansonsten würde man dann eigentlich ein ganz anderes Phänomen zu beobachten haben, das keine Ähnlichkeiten mehr mit dem zuvor betrachteten Phänomen aufweist. So ist im Jahresvergleich langer Zeitreihen der bundesrepublikanischen Daten zu berücksichtigen, daß Gebietsstandsänderungen eingetreten sind. Seit dem Jahre 1960 enthalten die Daten der amtlichen Statistik auch die Werte für Westberlin und das Saarland, so daß die Makrodaten deswegen vorher um wenige Prozentpunkte kleiner ausfallen. Gravierender sind statistisch die Folgen der deutschen Wiedervereinigung vom 3.10.1990: Entweder hat man in langfristigen Betrachtungen weiter mit den alten Bundesländern zu arbeiten oder man kann in der nächsten Zeit Untersuchungen erst mit dem Jahr 1991 für die gesamte Bundesrepublik beginnen lassen. Auch die beiden Erdölkrisen (in den Jahren 1973 und 1980) haben seinerzeit deutliche strukturelle Veränderungen der Makrodaten bewirkt.

Für makroökonomische Daten gibt es keine Angaben über die Größenordnung von Erfassungsfehlern.

Im Gegensatz zu den Naturwissenschaften läßt sich im wirtschaftswissenschaftlichen Bereich ein zu betrachtendes Phänomen nicht durch zusätzliche Beobachtungen genauer bestimmen. In dem langen Zeitraum, der von einer Beobachtung bis zur nächsten vergeht, kann sich ein ökonomisches Phänomen, wie wir gesehen haben, grundsätzlich ändern. Es wird geschätzt, daß makroökonomische Daten Fehler in einer Größenordnung von gut 5% aufweisen. So bewirkt das von der amtlichen Statistik verwendete Konzentrationsprinzip, daß stellvertretend für eine ganze Branche nur Großunternehmen befragt werden und sodann die Ergebnisse auf die ganze Branche hochgerechnet werden. Geben dann einzelne dieser Großunternehmen ihre Rohdaten verspätet an die Statistischen Landesämter bzw. an das Statistische Bundesamt ab, so sind die publizierten Daten um einige Prozentpunkte zu niedrig und werden als *vorläufig* gekennzeichnet. Erst in späteren Jahrbüchern finden sich dann vollständige Daten, die als endgültig bezeichnet werden. Zur Erstellung von Prognosen mit möglichst aktuellem Bezugsrahmen benötigt man die neuesten Daten der amtlichen Statistik und kann nicht warten, bis man für ein Jahr endgültige Daten erhält. Gravierender wird dieser Konflikt bei den rekursiven Prognosemethoden, die nicht allen Daten das gleiche Gewicht geben, sondern den neuesten Daten ein höheres Erklärungsgewicht geben als früheren Daten. Diesem Vorgehen liegt die Idee zugrunde, daß ab einem bestimmten zeitlichen Abstand Daten der Vergangenheit einen geringeren Aussagewert haben als aktuellere Daten.

Die *univariate* Zeitreihenanalyse ist zu unterscheiden von der *multivariaten* Zeitreihenanalyse.

Die univariate Zeitreihenanalyse befaßt sich mit der Untersuchung und Auswertung einer einzigen Zeitreihe. Dagegen können mit der multivariaten Zeitreihenanalyse Zusammenhänge zwischen mehreren Zeitreihen und damit mehreren ökonomischen Variablen untersucht werden. Wir wollen uns zunächst der univariaten Zeitreihenanalyse intensiver zuwenden, weil damit zugleich die Kenntnisse erworben werden können, die für das Verständnis komplizierter mathematischer Abhängigkeiten erforderlich sind.

1.2. Die Bewegungskomponenten einer Zeitreihe

Aus der Sicht der klassischen Zeitreihenanalyse läßt sich eine Zeitreihe mit x_t, $t = 1, ..., T$ in folgende Komponenten zerlegen:

1. **Die glatte Komponente g_t.**
   Darunter versteht man den *Trend* (die Grundrichtung einer Zeitreihe, d.h. die Zeitreihe hat entweder austeigende Tendenz, absteigende Tendenz oder sie bewegt sich um ein konstantes Niveau) unter Einschluß langfristiger Schwingungen. Derartige Schwingungen mit einer Periode von 50 bis 100 Jahren, die nach ihrem Endecker Kondratieff-Zyklen genannt werden (Kondratieff (1935)), sind besonders für Wirtschaftshistoriker von großem Interesse. Sie erfordern allerdings, wie man sich vorstellen kann, zu ihrer Untersuchung beachtliche Datenmengen. Immerhin kann z.B. ein aufsteigender Trend als Teilstück einer derartigen langfristigen Schwingung angesehen werden.

2. **Die Konjunkturkomponente k_t.**
   Hierunter fallen kurz- und mittelfristige Konjunkturschwankungen mit einer Periode von zwei bis zu zehn Jahren. Aus dem Index der industriellen Nettoproduktion der Bundesrepublik Deutschland gebildete Zeitreihen weisen eine starke Konjunkturkomponente mit einer Periode von vier bis fünf Jahren auf.

3. **Die Saisonkomponente s_t.**
   Diese enthält die Saisonschwankungen, deren Periode mit Monatsdaten im Bereich zwischen zwei Monaten und einem Jahr bestimmt werden kann.

4. **Die irreguläre Komponente u_t.**
   Sie steht für den Einfluß von Störfaktoren und wird auch als unsystematische Komponente bezeichnet, wenn die anderen Komponenten syste-

matische Einflüsse auffangen sollen. Sie hat den Status einer Zufallsvariablen.

Zu den einfachsten Formen des Zusammenwirkens dieser Komponenten zählen die additive und die multiplikative Verknüpfung.

In der *additiven Verknüpfung*

(1.1) $$x_t = g_t + k_t + s_t + u_t \,, \qquad t = 1, \ldots T$$

überlagern sich die einzelnen Einflüsse additiv.

Werden die Beobachtungen x_t in einem Diagramm gegen den Zeitindex t aufgetragen (geplottet), wobei der Zeitindex auf der Abszisse abgetragen wird, so lassen sich zu jedem Zeitpunkt die einzelnen Komponenten, unter Berücksichtigung des Vorzeichens, senkrecht einzeichnen.

In der *multiplikativen Verknüpfung*

(1.2) $$x_t = g_t \cdot k_t \cdot s_t \cdot u_t \,, \qquad t = 1, \ldots, T$$

verstärken die einzelnen Einflüsse einander.

Durch Logarithmieren von Gleichung (1.2) erhält man formal wieder eine additive Verknüpfung, deren Darstellung im Diagramm einfacher ist:

(1.3) $$\log x_t = \log g_t + \log k_t + \log s_t + \log u_t \,, \qquad t = 1, \ldots, T.$$

In der Zeitreihenanalyse interessiert man sich für das Verhalten einer oder mehrerer dieser Komponenten. Um diese Komponenten herausarbeiten zu können, sie also zu *isolieren*, muß der Einfluß der unerwünschten Komponenten ausgeschaltet werden, d.h. letztere werden *eliminiert*.
Im additiven Modell geschieht die Elimination einfach durch Subtraktion der unerwünschten Komponente.

Wird beispielsweise der Trend einer Zeitreihe geschätzt und die jeweilige Trendschätzung zu einem Zeitpunkt t von der zugehörigen Beobachtung x_t subtrahiert, so kann man die Restgröße auf Konjunktur- und Saisoneinflüsse hin untersuchen. In einem nächsten Schritt könnte man die Saisonkomponente eliminieren und hätte so, abgesehen von Zufallseinflüssen, die Konjunkturkomponente isoliert.

Schon an diesem einfachen Beispiel erkennt man, daß eine nachgelagerte Operation von der Qualität der ihr vorangehenden Operationen (im Beispiel der Trendbereinigung) abhängig ist.

Im multiplikativen Modell wird die unerwünschte Komponente herausdividiert, was im logarithmischen Ansatz wieder einer Subtraktion entspricht.

Während die irreguläre Komponente in der traditionellen Zeitreihenanalyse nur eine untergeordnete Rolle spielte, ist die moderne Zeitreihenanalyse geprägt durch das Konzept der Zufallsvariablen.

Das Konzept der Zufallsvariablen wird dann nicht mehr nur auf die Restkomponente beschränkt. Es wird im multivariaten Fall zum stochastischen Prozeß verallgemeinert. In der Spektralanalyse schließlich wird das klassische Modell der Bewegungskomponenten einer Zeitreihe, das von der Frankfurter Schule der Wirtschafts- und Sozialstatistik begründet wurde, durch ein Modell ersetzt, in dem einzelne Frequenzbereiche unterschieden werden.

<u>Weiterführende Literatur</u>

Kendall-Stuart (1966)
Kendall (1976)
Davis (1963)
Anderson (1958)
Quenouille (1957)
Wold (1954)
Wold (1965)
Menges (1967)
Hannan (1970)
Anderson (1971)
Chisholm-Whitaker (1971)

Übungsaufgaben

1.1 In welche Komponenten kann eine Zeitreihe zerlegt werden?

1.2. Welche Verknüpfungen zwischen den Komponenten einer Zeitreihe kennen Sie?

1.3. Was bedeuten in der Zeitreihenanalyse die Begriffe *Elimination* und *Isolierung*?

2. Kapitel

Trendschätzungen und Trendeliminationen

Wie wir gesehen haben, geht der Trendelimination eine Trendschätzung voraus. Der hohe Stellenwert, den Trendeliminationen in der Zeitreihenanalyse besitzen, läßt sich für den ökonomischen Bereich darauf zurückführen, daß sich gut drei Viertel der Variation einer ökonomischen Zeitreihe allein durch eine geeignete Trendfunktion erklären lassen. Wie immer, mögen auch hier gelegentliche Ausnahmen die Regel bestätigen. Jedenfalls ergibt sich für den Zeitreihenanalytiker folgendes Dilemma: Wird der Trend nicht erfolgreich eliminiert, so überdecken die in den Restgrößen verbliebenen Trendbestandteile gewichtsmäßig den Einfluß der Konjunktur- und Saisonkomponenten. Andererseits gibt es Operationen, die nicht nur, wie beabsichtigt, den Trend eliminieren, sondern auch andere Schwingungen unterdrücken bzw. Schwingungen erzeugen, die in der Originalzeitreihe ohne Bedeutung waren. Wir wollen uns daher erst einmal ausführlich mit den Möglichkeiten der Trendschätzung befassen.

2.1. Trendfunktionstypen

Zunächst sollen einige Funktionen vorgestellt werden, die sich zu Trendschätzungen eignen. Gemeinsam ist diesen Funktionen, daß die aus den Beobachtungen x_t, $t = 1, ..., T$ berechneten Trendschätzungen funktional vom Zeitindex t abhängen.

Der *lineare Trend*

(2.1) $$\hat{x}_t = \hat{\alpha}_0 + \hat{\alpha}_1 \cdot t, \qquad t = 1, ..., T$$

ist die wohl bekannteste Form einer Trendfunktion.

Die Symbole bedeuten hierbei:

$\hat{x}_t$ = Trendschätzung zum Zeitpunkt t

$\hat{\alpha}_0$ = Parameterschätzung für den Parameter *Ordninatenabschnitt*

$\hat{\alpha}_1$ = Parameterschätzung für den Parameter *Steigung.*

$\hat{x}_t$, die Trendschätzung der Beobachtung x_t, ist dabei eine lineare Funktion des Zeitindexes t.

Die Parameterschätzungen werden mit der Methode der kleinsten Quadrate bestimmt.

Allgemeiner kann der Trend durch ein *Trendpolynom p-ten Grades* geschätzt werden:

$$\hat{x}_t = \hat{\alpha}_0 + \hat{\alpha}_1 \cdot t + \hat{\alpha}_2 \cdot t^2 + \ldots + \hat{\alpha}_p \cdot t^p, \quad t = 1, \ldots, T. \tag{2.2}$$

Die lineare Trendfunktion (2.1) steht daher für den Spezialfall eines Polynoms ersten Grades.

Für fest vorgegebene Beobachtungen x_t mit t = 1, ..., T sind die Schätzungen, die man auch Approximationen nennt, formal um so besser, je höher der Polynomgrad gewählt wird.

Wie eine Gerade, die einem Polynom 1. Grades entspricht, durch zwei Punkte genau bestimmt ist, lassen sich p+1 beliebig gewählte Punkte exakt mit einem Polynom p-ten Grades bestimmen. Es gibt also eine derartige Funktion, die genau durch diese p+1 Punkte verläuft.

Zwei Einwände sprechen gegen die Verwendung von Trendpolynomen mit zu hohem Polynomgrad. Erstens wird man im Sinne der Frankfurter Schule der Statistik so leicht kein sachlogisches Argument finden, daß für eine ökonomische Zeitreihe die Verwendung eines höheren Polynomgrades rechtfertigt. Zweitens mag zwar die Approximation in dem aus T Beobachtungspunkten bestehenden Beobachtungszeitraum recht gut sein, dennoch wird in der zumeist interessierenden, sich anschließenden Prognoseperiode ein solches hohes Trendpolynom schnell divergieren und damit betragsmäßig sehr hohe Werte annehmen.

Je nach Verlauf kann man für Kurzfristprognosen ein Trendpolynom 2. Grades gerade noch akzeptieren, während mit einem Polynom dritten Grades schon ein Wendepunkt akzeptiert werden muß, der die nachfolgende Untersuchung von Schwankungen bereits stark beeinträchtigen kann.

Gelegentlich kann der Trend mit einer *Exponentialfunktion* geschätzt werden. Aus der Exponentialfunktion

(2.3) $$\hat{x}_t = \hat{\alpha} \cdot e^{\hat{\beta} \cdot t}, \quad t = 1, \ldots, T$$

erhält man mit dem natürlichen Logarithmus

(2.4) $$\ln \hat{x}_t = \ln \hat{\alpha} + \hat{\beta} \cdot t, \qquad t = 1, \ldots, T$$

wieder eine lineare Funktion des Zeitindexes.

Positive Werte der Parameterschätzung $\hat{\beta}$ führen hierbei zur Divergenz der Prognoseschätzungen, so daß für das Arbeiten mit Exponentialfunktionen Vorsicht anzuraten ist.

Dagegen sind in *logistischen Funktionen* die Werte der Trendschätzungen restringiert, so daß diese Funktionen auf Wachstumsprozesse angewendet werden können, für die ein Sättigungseffekt angenommen werden kann.

Ursprünglich konzipiert für beschränktes biologisches Wachstum (z.B. Wasserpflanzen in einem See), können diese Funktionen auch zur Untersuchung von saturierten Märkten verwendet werden (z.B. Gebrauchtwagenmarkt, Bestand an Heimcomputern, Kauf von dauerhaften Konsumgütern). Gemeinsam ist derartigen Wachstumsprozessen, daß eine Obergrenze existiert, gegen die die Exponentialfunktion dieser Prozesse konvergiert.

Ein Beispiel einer logistischen Funktionen ist

$$\hat{x}_t = \frac{c}{1 + b \cdot e^{-a \cdot t}}, \qquad t = 1, \ldots, T, \tag{2.5}$$

wobei für $0 < a < 1$ gilt, daß $0 \leq \hat{x}_t \leq c$.

c ist also der Wert der Obergrenze, die eine Asymptote dieser Funktion bildet. Die andere Asymptote ist $c/(1+b)$ als Untergrenze.

Methoden zur Bestimmung der Parameterschätzungen a, b und c findet man in Davis (1963).

Ein anderes Beispiel einer logistischen Funktion ist

$$\hat{x}_t = \frac{1}{a + b \cdot i^t}, \qquad t = 1, \ldots, T \tag{2.6}$$

mit $i < 1$.

Hier sei wegen weiterer Details verwiesen auf Gregg-Hossell-Richardson (1964).

Ähnlich wie logistische Funktionen verlaufen *Gompertzkurven*, die nach B. Gompertz benannt sind, der sie bereits 1825 zur Aktualisierung von Sterbetafeln verwendete. So gilt für die folgende Gompertzkurve

$$(2.7) \qquad \hat{x}_t = c \cdot a^{b^t}, \qquad t = 1, ..., T$$

mit $a < 1$ und $b < 1$, daß $0 \leq \hat{x}_t \leq c$.

Man vergleiche hierzu Davis (1963), S. 20. Eine andere Gompertzkurve findet man wiederum in Gregg-Hossell-Richardson (1964).

Ist die Grundrichtung einer Zeitreihe fallend, so kann man Exponentialfunktionen mit negativem Exponenten verwenden oder etwa für bestimmte Bereiche eine *Hyperbel* der Art

$$(2.8) \qquad \hat{x}_t = a + \frac{1}{t - b}, \qquad t = 1, ..., T.$$

Für $a = 0$ und $b = 0$ sind die Achsen des Koordinatensystems die Asymptoten dieser Funktion.

Wie diese Beispiele erkennen lassen, stehen zur Auswahl eines Trendfunktionstyps geeignete Funktionen bereit. Zu erwähnen sind noch halblogarithmische und doppeltlogarithmische grafische Möglichkeiten der Darstellung, ferner die Wurzelfunktionen und Mischungen von Funktionstypen. Stets sollte jedoch das ökonomische Anwendungsgebiet beachtet werden im Sinne einer sachlogischen Entscheidung, d.h. reine Zahlenlogik allein überzeugt nicht unbedingt. Im Zweifel sollten mehrere Varianten der Trendbereinigung probiert und es sollte auf etwaige Unterschiede der anschließend ausgeführten Analysen geachtet werden.

Wenn in einer multivariaten Analyse mehrere Zeitreihen miteinander verglichen werden sollen, so sind im allgemeinen trendbereinigte Daten verschiedener Zeitreihen derselben Prozedur der Trendbereinigung zu unterwerfen. Hiermit können unterschiedliche Ergebnisse der Analyse vermieden werden, die lediglich auf verschiedene Trendbereinigungen zurückzuführen sind.

Zu empfehlen ist im allgemeinen, die Güte der Trendelimination anhand neuerer Daten zu überprüfen.

2.2. Linearer Trend für die gesamte Zeitreihe

Aus der Regressionstheorie kennen wir die *lineare Einfachregression* (wer sie nicht mehr kennt oder noch nicht kennt, sollte zunächst die Abschnitte 5.1. und 13.4. in Leiner (1980) durchlesen oder sich bezüglich der Herleitung noch etwas gedulden)

(2.9) $$y_t = \alpha + \beta \cdot x_t + u_t, \qquad t = 1, ..., T$$

mit

y_t = endogene Variable der Periode t
x_t = exogene Variable der Periode t
α = Ordinatenabschnitt
β = Steigungsparameter
u_t = Störgröße der Periode t.

Hierbei wird die endogene Variable mittels der exogenen Variablen erklärt, wobei nicht erklärte Teile mit der Störgröße (also einer Restgröße) aufgefangen werden.

Nach der von Gauß entwickelten *Methode der kleinsten Quadrate* wird der Ordinatenabschnitt geschätzt mit

(2.10) $$a = \bar{y} - b \cdot \bar{x}$$

und der Steigungsparameter geschätzt mit

$$(2.11) \qquad b = \frac{\text{cov}\,(x, y)}{s_x^2}.$$

Gleichung (2.10) ist vom rekursiven Typ, d.h. a kann hier erst dann geschätzt werden, wenn zuvor b mittels Gleichung (2.11) geschätzt wurde.

Die verwendeten Maßzahlen, die aus den Beobachtungen berechnet werden, sind:

$$\bar{y} = \frac{1}{T} \sum_{t=1}^{T} y_t \qquad \text{(Mittelwert der endogenen Variablen),}$$

$$\bar{x} = \frac{1}{T} \sum_{t=1}^{T} x_t \qquad \text{(Mittelwert der exogenen Variablen),}$$

$$s_x^2 = \frac{1}{T} \sum_{t=1}^{T} (x_t - \bar{x})^2 \qquad \text{(Varianz der exogenen Variablen)}$$

und

$$\text{cov}\,(x, y) = \frac{1}{T} \sum_{t=1}^{T} (x_t - \bar{x})(y_t - \bar{y})$$

(Kovarianz der endogenen mit der exogenen Variablen).

In (2.1) haben wir gesehen, daß die Trendschätzung eine lineare Funktion des Zeitindexes t ist. Wir können dort die Beobachtung x_t als endogene Variable bezeichnen, die durch die Zeit in Form des Zeitindexes t erklärt wird. Infolgedessen ist hier (2.9) zu ersetzen durch

(2.12) $$x_t = \alpha + \beta \cdot t + u_t, \qquad t = 1, \ldots, T.$$

Wir erhalten mit dieser Substitution, die uns die separate Herleitung mit der Methode der kleinsten Quadrate erspart, hier die Parameterschätzungen

(2.13) $$a = \bar{x} - b \cdot \bar{t}$$

und

(2.14) $$b = \frac{\text{cov}\,(x, t)}{s_t^2}$$

mit den Maßzahlen

$$\bar{t} = \sum_{t=1}^{T} t \quad \text{(Mittelwert der Zeitindizes)},$$

$$s_t^2 = \frac{1}{T} \sum_{t=1}^{T} (t - \bar{t})^2 \quad \text{(Varianz der Zeitindizes)}$$

und

$$\text{cov}\,(x, t) = \frac{1}{T} \sum_{t=1}^{T} (x_t - \bar{x})(t - \bar{t})$$

(Kovarianz der Zeitindizes mit den zugehörigen Beobachtungen).

Wie man sich anhand von Jahresdaten vergewissern kann, lassen sich die Berechnungen vereinfachen, wenn man im Index anstelle der Jahreszahlen die Daten durchnumeriert. So kann man z.B. für die Jahre von 1990 bis 1997 die Zahlen 1 bis 8 verwenden, denn für die Schätzung

(2.15) $$\hat{x}_t = a + b \cdot t, \qquad t = 1, \ldots, T$$

wird man in beiden Fällen den gleichen Wert erhalten.

Entscheidende Vereinfachungen der Berechnungen sind möglich, wenn man den Zeitindex so wählt, daß sein Mittelwert den Wert Null ergibt.

Für eine *ungerade Anzahl T der Beobachtungen* erhält man $\bar{t} = 0$ mit der Indizierung

$$t = -\frac{T-1}{2}, \ldots, -1,\ 0,\ 1, \ldots, \frac{T-1}{2}.$$

Aufgrund der Symmetrie um Null gibt es zu jedem positiven Index einen gleichgroßen negativen Index, so daß die Summe der Indizes den Wert Null ergibt. Beispiel für T=7: t = - 3, - 2, -1, 0, 1, 2, 3.

Für eine *gerade Anzahl T der Beobachtungen* erhält man $\bar{t} = 0$ mit der Indizierung (siehe hierzu auch Anhang A1.)

$$t = -\frac{T-1}{2}, \ldots, -\frac{1}{2}, \frac{1}{2}, \ldots, \frac{T-1}{2}.$$

Auch hier nutzt man die Symmetrie um Null, muß allerdings als Indizes rationale Zahlen verwenden. Beispiel für T=6: t = -2,5 , -1,5 , -0,5 , 0,5 , 1,5 , 2,5.

In beiden Fällen läuft also die Summierung von - (T-1)/2 bis (T-1)/2.

Mit $\bar{t} = 0$ erhalten wir aus (2.13) und (2.14)

$$a = \bar{x} \tag{2.16}$$

und

$$b = \frac{\operatorname{cov}(x, t)}{s_t^2} = \frac{\sum_t t \cdot x_t}{\sum_t t^2}, \tag{2.17}$$

wobei zu beachten ist, daß die Summierung von t in Zähler und Nenner von (2.17) von -(T-1)/2 bis (T-1)/2 laufen muß. Die vorherige Summierung von 1 bis T für t darf in der vereinfachten Formel (2.17) zur Schätzung der Steigung nicht verwendet werden, da diese nicht zu einem Mittelwert der Zeitindizes von Null führte. Dagegen ist es natürlich unschädlich, wenn man zur Berechnung des Mittelwerts der Beobachtungen x_t die alten Indizes verwendet.

Als Schätzung a des Ordinatenabschnitts nehmen wir also in (2.16) den Mittelwert der Beobachtungen. In (2.17) genügt es also in der vereinfachten Form, die Summe der Produkte von Beobachtungen mit ihrem zugehörigen neuen Zeitindex durch die Summe der Quadrate dieser neuen Zeitindizes zu dividieren.

Da die Division mit T sowohl im Zähler (Kovarianz) als auch im Nenner (Varianz) von (2.17) erfolgt, kann sie durch Kürzung vernachlässigt werden.

Daß im Nenner von (2.17) nur noch die Summe der quadrierten neuen Zeitindizes stehen muß, ist leicht zu erkennen, wenn man in der Definition der entsprechenden Maßzahl s_t^2 von Gleichung (2.14) berücksichtigt, daß der Mittelwert der Zeitindizes auf Null gesetzt wurde.

Um zu sehen, daß der Zähler von (2.17) korrekt ist, beachte man, daß folgende einfache Umformungen für das T-fache der Stichprobenvarianz gelten, wenn der Mittelwert der Zeitindizes Null ist:

$$
\begin{aligned}
T \cdot \operatorname{cov}(x, t) &= \Sigma\ (x_t - \bar{x}) \cdot (t - \bar{t}) \\
&= \Sigma\ (x_t - \bar{x}) \cdot t \\
&= \Sigma\, x_t \cdot t \ - \ \Sigma\, \bar{x} \cdot t \\
&= \Sigma\, x_t \cdot t \ - \ \bar{x} \cdot \Sigma\, t \\
&= \Sigma\, x_t \cdot t\,,
\end{aligned}
$$

da für $\bar{t} = 0$ auch gilt, daß $\Sigma\, t = 0$ und der konstante Faktor $\bar{x}$ vor die Summe, die über t läuft, gezogen werden kann, so daß die zweite Summe Null wird.

Mit dem folgenden Beispiel soll die Rechenvereinfachung gezeigt werden.

Beispiel: Für den privaten Verbrauch der Bundesrepublik Deutschland in den Jahren 1970 bis 1976 mit den Werten (in Milliarden DM) 368, 408, 448, 492, 528, 575 und 622 soll eine lineare Trendfunktion berechnet werden.

Hierzu legen wir folgende *Arbeitstabelle* an:

Tabelle 2.1: Lineare Trendfunktion (Privater Verbrauch)

Jahr	x_t	t	$t \cdot x_t$	t^2
1970	368	-3	-1104	9
1971	408	-2	-816	4
1972	448	-1	-448	1
1973	492	0	0	0
1974	528	1	528	1
1975	575	2	1150	2
1976	622	3	1866	9
Σ	3441	0	1176	28

Somit erhalten wir

$$a = \frac{3441}{7} \approx 492 \; , \quad b = \frac{1176}{28} = 42$$

und

$$x_t \approx 492 + 42 \cdot t \, , \qquad t = -3, \ldots, 3 \, .$$

x_{-3} ist also der Schätzwert für das Jahr 1970. Wir erhalten durch Einsetzen von $t = -3, \ldots, 0, \ldots, 3$ die Schätzwerte:

Jahr	1970	1971	1972	1973	1974	1975	1976
$\hat{x}_t$	366	408	450	492	534	576	618

2.3. Linearer Trend für einen Stützbereich

Die soeben dargestellte Schätzung eines linearen Trends weist den Nachteil auf, daß mit jeder neuen Beobachtung, d.h. mit zunehmendem T, sich andere Werte für die Parameterschätzungen a und b ergeben, so daß aufgrund von Gleichung (2.15) sich auch die bisher berechneten Trendschätzungen verändern. Wie nun gezeigt werden soll, gibt es eine Möglichkeit, die Trendschätzungen zu aktualisieren aufgrund neuer Beobachtungen, wobei bisherige Trendschätzungen für frühere Zeitpunkte t nicht verändert werden müssen.

Man verwendet bei dieser Technik nur einen Ausschnitt der Zeitreihe, den *Stützbereich*, der eine fixierte Anzahl M aufeinanderfolgender Elemente der Zeitreihe enthält. M wird auch als *Stützbereichparameter* bezeichnet ($M < T$).

Der Stützbereich mit seiner festen Anzahl M von Elementen gleitet gewissermaßen über die Beobachtungen der Zeitreihe und erfaßt jeweils M aufeinanderfolgende Elemente dieser Zeitreihe. Wenn der Stützbereich sich um eine Periode weiterbewegt, wird die jeweils älteste Beobachtung durch die neu hinzugekommene Beobachtung ersetzt.

Zumeist ist es zweckmäßig, für den Stützbereichparameter M eine ungerade Zahl zu wählen. Dann erfaßt der Stützbereich die M Beobachtungen

$$x_{-m}, \ldots, x_{-1}, x_0, x_1, \ldots, x_m$$

mit $M = 2m + 1$.

Mit der Methode der kleinsten Quadrate können die Trendschätzungen

$$(2.15) \qquad \hat{x}_\tau = a + b \cdot \tau, \qquad \tau = -m, \ldots, m$$

bestimmt werden. Anstelle des bisherigen Zeitindexes t verwenden wir beim Arbeiten mit dem Stützbereich den Index der zeitlichen

Verschiebung τ, der von -m bis m läuft, und anstelle von T verwenden wir jetzt M als zeitlichen Horizont unseres Stützbereichs.

Für die Residuen, also die Realisationen unserer Störgröße u_τ,

$$e_\tau = x_\tau - a - b \cdot \tau\,, \qquad \tau = -m\,, \ldots, m \tag{2.18}$$

ist nach der Methode der kleinsten Quadrate die Summe ihrer Quadrate, also Σe_τ^2, minimal, d.h. daß für die erste Ableitung dieser Quadratsumme bezüglich der Kleinstquadratschätzungen a gelten muß, daß

$$\frac{\partial \sum_{\tau=-m}^{m} e_\tau^2}{\partial a} = \frac{\partial \sum_{\tau=-m}^{m} (x_\tau - a - b \cdot \tau)^2}{\partial a} \tag{2.19}$$

$$= -2 \cdot \sum_{\tau=-m}^{m} (x_\tau - a - b \cdot \tau) = 0\,.$$

Formal ist dies eine partielle Ableitung, weswegen anstelle des üblichen Ableitungssymbols d das Symbol ∂ verwendet werden muß, denn wir werden sogleich noch die Ableitung nach dem anderen Parameter b zu betrachten haben. Zudem wurde die Kettenregel benutzt, wonach für einen dieser Summanden e_τ^2 gilt, daß

$$\frac{\partial e_\tau^2}{\partial a} = \frac{\partial e_\tau^2}{\partial e_\tau} \cdot \frac{\partial e_\tau}{\partial a} = 2\, e_\tau \cdot \frac{\partial (x_\tau - a - b \cdot \tau)}{\partial a} = 2\, e_\tau \cdot (-1)$$

$$= -2 \cdot (x_\tau - a - b \cdot \tau)\,.$$

Für die Summe der Ableitungen ergibt sich somit der letzte Ausdruck von (2.19), wobei zu beachten ist, daß die multiplikative Konstante -2 vor die Summe gezogen wurde. Im Minimum darf das Ergebnis Null gleichgesetzt werden.

Die partielle Ableitung nach b ergibt analog

$$(2.20) \qquad \frac{\partial \sum_{\tau=-m}^{m} e_\tau^2}{\partial b} = \frac{\partial \sum_{\tau=-m}^{m} (x_\tau - a - b \cdot \tau)^2}{\partial b}$$

$$= -2 \cdot \sum_{\tau=-m}^{m} (x_\tau - a - b \cdot \tau) \cdot \tau = 0 .$$

Im Unterschied zu Gleichung (2.19) muß hier der Klammerausdruck in der Summe noch mit τ multipliziert werden, weil im 2. Faktor nach der Kettenregel die Ableitung des Klammerinhalts nach b den Faktor $-\tau$ ergibt, so daß 2 e_τ hiermit zu multiplizieren ist für jeden Summanden (e_τ ist der Klammerinhalt). Auch hier gilt für die Summe im Minimum der Wert Null.

Wenn man in Gleichung (2.19) beide Seiten der Gleichung durch -2 dividiert, erhält man

$$\sum_{\tau=-m}^{m} x_\tau - \sum_{\tau=-m}^{m} a - \sum_{\tau=-m}^{m} b \cdot \tau = 0 .$$

Hieraus gewinnt man, weil die Konstante a genau (2m+1)-mal summiert wird und die dritte Summe entfällt (b kann als multiplikative Konstante vor die Summe gezogen werden und die Summe der τ ist infolge ihrer Symmetrie um Null ebenfalls gleich Null) nunmehr

$$\sum_{\tau=-m}^{m} x_\tau = a \cdot (2m+1) \tag{2.21}$$

und damit

$$a = \frac{1}{2m+1} \sum_{\tau=-m}^{m} x_\tau \,, \tag{2.22}$$

d.h. als Schätzung des Ordinatenabschnitts nehmen wir den Mittelwert aller vom Stützbereich erfaßten Beobachtungen unserer Zeitreihe.

Entsprechend erhalten wir aus (2.20) nach Division mit -2

$$\sum_{\tau=-m}^{m} x_\tau \cdot \tau = b \cdot \sum_{\tau=-m}^{m} \tau^2 \,, \tag{2.23}$$

denn $a\Sigma\tau$ entfällt ebenfalls wegen $\Sigma\tau = 0$, und hieraus

$$b = \frac{\sum_{\tau=-m}^{m} \tau \cdot x_\tau}{\sum_{\tau=-m}^{m} \tau^2} \tag{2.24}$$

als Schätzung der Steigung. Man vergleiche mit (2.17).

Mittels Gleichung

$$(2.15) \qquad \hat{x}_\tau = a + b \cdot \tau , \qquad \tau = -m, ..., m ,$$

in die wir die Parameterschätzungen (2.22) und (2.24) einsetzen können, erhalten wir dann an allen M Stellen des Stützbereichs Trendschätzungen.

Die Berechnungen vereinfachen sich in der Mitte des Stützbereichs, d.h. an der Stelle $\tau = 0$, da dann aus (2.15) folgt, daß

$$(2.25) \qquad \hat{x}_0 = a$$

so daß man (2.22) direkt in (2.25) einsetzen kann und als Schätzung des linearen Trends in der Mitte des Stützbereichs nun den Mittelwert der M vom Stützbereich erfaßten Beobachtungen erhält.

Gleichung (2.22) ist formal ein *gleitender Mittelwert*, der in diesem Fall jedem der M Werte des Stützbereichs das gleiche Gewicht 1/M zuteilt. Die Summe der Gewichte ergibt den Wert 1.

Es ist üblich, die Koeffizientenstruktur eines gleitenden Mittelwerts, der zur Schätzung eines Trendpolynoms eingesetzt wird, abzukürzen durch $D_{p,\,M}$, wobei p den Polynomgrad und M den Stützbereichparameter angeben. $D_{1,\,M}$ enthält dann M Gewichte 1/M.

Beispiel: Der kleinste ungerade Wert des Stützbereichsparameters, den man zum Schätzen eines linearen Trendpolynoms ($p = 1$) verwenden kann, ist $M = 3$. Die Koeffizientenstruktur kann dann abgekürzt werden durch

$$D_{1,\,3} = (1/3, \ 1/3, \ 1/3)$$

und in der Mitte des Stützbereichs erhält man die Schätzung der Trendgeraden mit

$$\hat{x}_0 = \frac{1}{3} \, (x_{-1} + x_0 + x_1) .$$

2.4. Trendpolynom 2. Grades für die gesamte Zeitreihe

Wieder betrachten wir eine Zeitreihe mit T Beobachtungen mit dem Zeitindex $t = -(T-1)/2, \ldots, (T-1)/2$, so daß $\Sigma\, t = 0$.

Wir gehen davon aus, daß diese Zeitreihe durch ein Trendpolynom 2. Grades approximiert werden kann, so daß

$$x_t = a_0 + a_1\, t + a_2\, t^2 + e_t\,, \tag{2.26}$$

wobei a_0, a_1 und a_2 die Kleinstquadratschätzungen der Parameter α_0, α_1 und α_2 und die e_t die Kleinstquadratresiduen sein sollen.

Zusätzlich zu den Parametern der linearen Trendfunktion ist nun noch der Parameter α_2 des Quadrats des Zeitindexes mit a_2 zu schätzen.

Die Minimierung der Summe der Quadrate der Residuen Σe_t^2 bezüglich der Parameterschätzungen a_0, a_1 und a_2 ergibt die drei Bestimmungsgleichungen der Parameterschätzungen

$$\frac{\partial \Sigma e_t^2}{\partial\, a_i} = -2 \cdot \sum_t (x_t - a_0 - a_1\, t - a_2\, t^2) \cdot t^i = 0 \quad \text{mit } i = 0, 1, 2. \tag{2.27}$$

Für $a_2 = 0$ als Spezialfall (aus p = 2 wird wieder für die Trendgerade p = 1) und mit i = 0 erhalten wir analog Gleichung (2.19) und mit i = 2 Gleichung (2.20). Der Leser möge selbst bestätigen, daß die Anwendung der Kettenregel im Falle i = 2 analog zu Gleichung (2.27) führt .

Zunächst entfernen wir den Faktor -2 auf beiden Seiten der Gleichungen (2.27) per Division. Danach lösen wir die Klammer auf und lösen alle drei Gleichungen nach der jeweils ersten Summe auf. Wegen der Symmetrie um $t = 0$ ist wieder $\Sigma t = 0$ und auch $\Sigma t^3 = 0$ und so gewinnen wir aus (2.27) die drei Normalgleichungen

(2.28) $$\Sigma x_t = a_0 T + a_2 \Sigma t^2 ,$$

(2.29) $$\Sigma x_t t = a_1 \Sigma t^2 \quad \text{und}$$

(2.30) $$\Sigma x_t t^2 = a_0 \Sigma t^2 + a_2 \Sigma t^4 .$$

Aus (2.29) gewinnen wir sofort die Parameterschätzung

(2.31) $$a_1 = \frac{\Sigma x_t t}{\Sigma t^2} \quad \text{(wie (2.17)).}$$

a_0 und a_2 treten nur in (2.28) und (2.30) auf. Lösen wir (2.28) nach a_0 auf, so erhalten wir

(2.32) $$a_0 = \frac{1}{T} (\Sigma x_t - a_2 \Sigma t^2).$$

Um das hierfür benötigte a_2 zu bestimmen, multiplizieren wir Gleichung (2.28) mit Σt^2 und subtrahieren diese Gleichung vom T-fachen der Gleichung (2.30), so daß

(2.33) $$a_2 = \frac{T \Sigma x_t t^2 - \Sigma t^2 \Sigma x_t}{T \Sigma t^4 - \Sigma t^2 \Sigma t^2}.$$

Zur Berechnung der Trendschätzung $\hat{x}_t$ benötigen wir also Σx_t , $\Sigma x_t t$, $\Sigma x_t t^2$, Σt^2 und Σt^4 . Es empfiehlt sich für das praktische Rechnen die Erstellung einer Arbeitstabelle. Die Parameterschätzungen werden eingesetzt in

(2.34) $$\hat{x}_t = a_0 + a_1 t + a_2 t^2 ,$$

wobei natürlich immer darauf zu achten ist, daß t von - (T-1)/2 bis (T-1)/2 läuft.

2.5. Trendpolynom 3. Grades für die gesamte Zeitreihe

Für die ökonomischen Praxis dürfte das Trendpolynom 3. Grades in den meisten Fällen schon einen zu hohen Polynomgrad aufweisen. Gleichwohl findet es theoretische Beachtung in Werken der Zeitreihenanalyse, die von einem anderen Anwenderkreis ausgehen. Sachlogisch ist von der Existenz eines Wendepunkts im Trendverlauf auszugehen, wenn man sich zu diesem Funktionstyp bekennt.

Wie zuvor betrachten wir eine Zeitreihe mit T Beobachtungen mit dem Zeitindex $t = -(T-1)/2, \ldots, (T-1)/2$, so daß $\Sigma\, t = 0$.

Wir gehen nun davon aus, daß diese Zeitreihe durch ein Trendpolynom 3. Grades approximiert werden kann, so daß

$$x_t = a_0 + a_1 t + a_2 t^2 + a_3 t^3 + e_t \,, \tag{2.35}$$

wobei die a_i mit $i = 0, 1, 2, 3$ die Kleinstquadratschätzungen der Parameter α_i und die e_t die Kleinstquadratresiduen sein sollen.

Neu ist demnach der Parameter α_3, der durch a_3 zu schätzen ist.

Die Minimierung der Summe der Quadrate der Residuen Σe_t^2 bezüglich der Parameterschätzungen a_i ergibt ein Gleichungssystem vierten Grades der Bestimmungsgleichungen

$$\frac{\partial \Sigma e_t^2}{\partial a_i} = -2 \cdot \sum_t (x_t - a_0 - a_1 t - a_2 t^2 - a_3 t^3) \cdot t^i = 0 \tag{2.36}$$

mit $i = 0, 1, 2, 3$.

Wieder erhalten wir die kleineren Polynomgrade als Spezialfälle.

Wegen der Symmetrie um $t = 0$ haben wir jetzt $\Sigma\, t = 0$, $\Sigma\, t^3 = 0$ und $\Sigma\, t^5 = 0$ und gewinnen wie zuvor daraus die vier Normalgleichungen

$$(2.37) \qquad \Sigma\, x_t \;=\; a_0\, T \qquad\qquad + a_2\, \Sigma\, t^2 ,$$

$$(2.38) \qquad \Sigma\, x_t\, t \;=\; \qquad a_1\, \Sigma\, t^2 \qquad\qquad + a_3\, \Sigma\, t^4 ,$$

$$(2.39) \qquad \Sigma\, x_t\, t^2 \;=\; a_0\, \Sigma\, t^2 \qquad\qquad + a_2\, \Sigma\, t^4 \qquad \text{und}$$

$$(2.40) \qquad \Sigma\, x_t\, t^3 \;=\; \qquad a_1\, \Sigma\, t^4 \qquad\qquad + a_3\, \Sigma\, t^6 .$$

Da a_0 und a_2 nur in den Gleichungen (2.37) und (2.39) vorkommen und da a_1 und a_3 nur in den Gleichungen (2.38) und (2.40) vorkommen, vereinfacht sich das Gleichungssystem 4. Grades zu zwei Gleichungssystemen 2. Grades.

Wir bemerken, daß die Gleichungen (2.37) und (2.39) vollständig übereinstimmen mit den Gleichungen (2.28) und (2.30).

Somit ergibt die Auflösung der Gleichungen (2.37) und (2.39)

$$(2.41) \qquad a_0 = \frac{1}{T}\,(\Sigma\, x_t - a_2\, \Sigma t^2) \qquad \text{(wie (2.32))}$$

und

$$(2.42) \qquad a_2 = \frac{T\, \Sigma\, x_t\, t^2 - \Sigma\, t^2\, \Sigma\, x_t}{T\, \Sigma t^4 - \Sigma\, t^2\, \Sigma\, t^2} \qquad \text{(wie (2.33)).}$$

Aus (2.38) erhalten wir

$$(2.43) \qquad a_1 = \frac{\Sigma\, x_t\, t}{\Sigma\, t^2} - a_3\, \frac{\Sigma\, t^4}{\Sigma\, t^2} ,$$

wozu wir noch den Wert von a_3 benötigen.

Hierzu subtrahieren wir das ($\Sigma\, t^4$)-fache von Gleichung (2.38) vom ($\Sigma\, t^2$)-fachen von Gleichung (2.40) und gewinnen damit

$$(2.44) \qquad a_3 = \frac{\Sigma\, x_t t^3 \, \Sigma\, t^2 - \Sigma\, x_t t \, \Sigma\, t^4}{\Sigma\, t^2 \, \Sigma\, t^6 - \Sigma\, t^4 \, \Sigma\, t^4} .$$

Zur Berechnung der Trendschätzung benötigen wir also $\Sigma\, x_t$, $\Sigma\, x_t\, t$, $\Sigma\, x_t\, t^2$, $\Sigma\, x_t\, t^3$, $\Sigma\, t^2$, $\Sigma\, t^4$ und $\Sigma\, t^6$. Es empfiehlt sich für das praktische Arbeiten die Erstellung einer Arbeitstabelle.

Die Parameterschätzungen werden eingesetzt in

$$(2.45) \qquad \hat{x}_t = a_0 + a_1\, t + a_2\, t^2 + a_3\, t^3 ,$$

wobei darauf zu achten ist, daß t von - (T-1)/2 bis (T-1)/2 läuft.

Zum besseren Verständnis sei angemerkt, daß $\Sigma\, t^6$ nicht etwa bedeutet, daß die Summe $\Sigma\, t$ in die 6. Potenz erhoben wird, sondern daß jeder Zeitindex t in die 6. Potenz erhoben und dann erst die Summe gebildet wird. Es kommt also schon sehr auf die Reihenfolge der durchzuführenden Rechenoperationen an. Zweifel kann man zu beseitigen versuchen durch ein stärkere Verwendung von Klammern, wie dies zuweilen in Werken geschieht, die für Anfänger geschrieben wurden. Doch wendet sich dieses Buch bereits an fortgeschrittene Studierende der Statistik, die schon wissen, daß zwei Summen, die unmittelbar ohne die Zeichen + oder - mit ihren Summanden hintereinanderstehen, miteinander zu multiplizieren sind, wie etwa im Nenner von Gleichung (2.44) , der die Differenz der Produkte von jeweils zwei Summen enthält. Der Zähler hat einen dazu analogen Aufbau.

Nachdem wir in den vergangenen Abschnitten gesehen haben, wie man ein Trendpolynom ersten bis dritten Grades für die gesamte Zeitreihe formuliert, herleitet und schätzt, wollen wir uns im nächsten Abschnitt wieder dem Arbeiten mit Stützbereichen einer Zeitreihe zuwenden, die zur Schätzung eines Trendpolynoms 2. oder 3. Grades geeignet sind.

2.6. Trendpolynom 2. und 3. Grades für einen Stützbereich

Wie wir im Abschnitt 2.5. erkannt haben, stimmen für ein Trendpolynom 3. Grades die beiden Parameterschätzungen a_0 und a_2 mit denen des Trendpolynoms 2. Grades überein, da sie für den betrachteten Fall mit $\Sigma\, t = 0$ nur in der ersten und dritten Normalgleichung vorkommen. Dieses Ergebnis können wir auch nutzen, wenn wir wieder einen Stützbereich bilden, der infolge seiner Symmetrie um $\tau = 0$ zu $\Sigma\tau = 0$ führt.

Hierzu betrachten wir ein Trendpolynom 3. Grades für diesen Stützbereich

$$(2.46) \qquad \hat{x}_\tau = a_0 + a_1\,\tau + a_2\,\tau^2 + a_3\,\tau^3\,, \qquad \tau = -\,m\,, \ldots, m\,.$$

In der Mitte des Stützbereichs, d.h. an der Stelle $\tau = 0$, vereinfacht sich dann Gleichung (2.46) zu

$$(2.47) \qquad \hat{x}_0 = a_0\,,$$

d.h. an dieser Stelle ist die Trendschätzung gleich der Schätzung des Parameters, der den Ordinatenabschnitt mißt.

Für ein Trendpolynom 2. Grades entfällt in (2.46) der letzte Summand wegen $a_3 = 0$, was bedeutet, daß (2.47) zugleich die Trendschätzung für ein <u>Polynom 2. Grades</u> in der Mitte des Stützbereichs liefert.

Analog zu den Gleichungen (2.37) und (2.39) erhalten wir für ein Trendpolynom 3. Grades die beiden Normalgleichungen, in denen a_0 und a_2 überhaupt vorkommen, als

$$(2.48) \qquad \Sigma\, x_\tau = a_0\, M + a_2\, \Sigma\, \tau^2$$

und

$$(2.49) \qquad \Sigma\, x_\tau\, \tau^2 = a_0\, \Sigma\, \tau^2 + a_2\, \Sigma\, \tau^4\,,$$

woraus wir gewinnen können (alle Summen laufen über τ von -m bis m)

$$(2.50) \qquad a_0 = \frac{1}{M}\left(\Sigma\, x_\tau - a_2\, \Sigma\, \tau^2\right) \qquad \text{(vgl. mit (2.41))}$$

und

$$(2.51) \qquad a_2 = \frac{M\,\Sigma\, x_\tau\, \tau^2 - \Sigma\, \tau^2\, \Sigma\, x_\tau}{M\,\Sigma\, \tau^4 - \Sigma\, \tau^2\, \Sigma\, \tau^2} \qquad \text{(vgl. mit (2.42)).}$$

<u>Beispiel:</u> Der kleinste ungerade Wert für M, den man verwenden kann für ein Trendpolynom 2. bzw. 3. Grades, ist M = 5. Für diesen Wert von M erhalten wir

$$\sum_{\tau=-2}^{2} \tau^2 = 4 + 1 + 0 + 1 + 4 = 10$$

und

$$\sum_{\tau=-2}^{2} \tau^4 = 16 + 1 + 0 + 1 + 16 = 34.$$

Aus Gleichung (2.51) gewinnen wir daher als Nenner $5 \cdot 34 - 10 \cdot 10 = 70$ und damit

$$(2.52) \qquad a_2 = \frac{1}{70}\left(5\,\Sigma\, x_\tau\, \tau^2 - 10\,\Sigma\, x_\tau\right)$$

$$= \frac{1}{14}\left(\Sigma\, x_\tau\, \tau^2 - 2\,\Sigma\, x_\tau\right).$$

Gleichung (2.50) ergibt

$$(2.53) \qquad a_0 = \frac{1}{5}\left(\Sigma\, x_\tau - 10\, a_2\right).$$

Setzt man Gleichung (2.52) in Gleichung (2.53) ein, so gewinnt man

$$(2.54)\qquad a_0 = \frac{1}{5}\,\Sigma\, x_\tau \;-\; \frac{1}{7}\,(\,\Sigma\, x_\tau \tau^2 - 2\,\Sigma\, x_\tau\,)$$

$$= \frac{1}{35}\,(\,17\sum_{\tau=-2}^{2} x_\tau \;-\; 5\sum_{\tau=-2}^{2} x_\tau \tau^2\,)\,.$$

$$= \frac{1}{35}\,(17x_{-2} + 17x_{-1} + 17x_0 + 17x_1 + 17x_2$$

$$-20x_{-2} - 5x_{-1} \qquad - 5x_1 - 20x_2\,)$$

$$= \frac{1}{35}\,(-3x_{-2} + 12x_{-1} + 17x_0 + 12x_1 - 3x_2).$$

Die Koeffizientenstruktur ist damit gegeben mit

$$D_{3,5} = \frac{1}{35}\,(-3,\; 12,\; 17,\; 12,\; -3),$$

d.h. für den gleitenden Durchschnitt mit 5 Elementen zum Schätzen eines Trendpolynoms 3. Grades. Der gemeinsame Nenner 35 wurde vorgezogen. Die Summe der Gewichte ergibt den Wert 1.

Wie zuvor bemerkt, ist dies zugleich die Koeffizientenstruktur von $D_{2,5}$, d.h. für den gleitenden Durchschnitt mit 5 Elementen zum Schätzen eines Trendpolynoms 2. Grades.

Es ist ziemlich mühsam, für jeden Wert von M aus den beiden Normalgleichungen (2.50) und (2.51) die Schätzung (2.47) für die Mitte des Stützbereichs herzuleiten. So sind für die weiteren Berechnungen einige Formeln überaus nützlich (die sich aus den von Otnes und Enochson (1972, auf S. 63) angegebenen Formeln für die Summe von Potenzen natürlicher Zahlen herleiten lassen):

Für einen Stützbereich mit einer ungeraden Anzahl M von Elementen und mit dem Index τ = -m, ..., -1, 0, 1, ..., m (so daß M = 2m +1) gelten die folgenden Summenformeln

$$\sum_{\tau=-m}^{m} \tau^2 = \frac{M(M^2 - 1)}{12}, \tag{2.55}$$

$$\sum_{\tau=-m}^{m} \tau^4 = \frac{M(M^2 - 1)(3M^2 - 7)}{240} \quad \text{und} \tag{2.56}$$

$$\sum_{\tau=-m}^{m} \tau^6 = \frac{M(M^2 - 1)(3M^4 - 18M^2 + 31)}{1344}. \tag{2.57}$$

Mit den Formeln (2.55) und (2.56) lauten unsere beiden Normalgleichungen (2.48) und (2.49) nun

$$\Sigma x_\tau = a_0 M + a_2 \frac{M(M^2 -1)}{12} \tag{2.58}$$

und

$$\Sigma x_\tau \tau^2 = a_0 \frac{M(M^2 - 1)}{12} + a_2 \frac{M(M^2-1)(3M^4-7)}{240}. \tag{2.59}$$

Wenn wir von Gleichung (2.58), die wir mit $(3M^2-7)/20$ multiplizieren, Gleichung (2.59) subtrahieren, verschwindet a_2 und wir erhalten

$$(2.60)\qquad \frac{3M^2-7}{20}\Sigma x_\tau - \Sigma x_\tau \tau^2 = a_0\left(\frac{M(3M^2-7)}{20} - \frac{M(M^2-1)}{12}\right).$$

Den Faktor von a_0 formen wir um zu

$$\frac{3M(3M^2-7) - 5M(M^2-1)}{60} = \frac{9M^3 - 21M - 5M^3 + 5M}{60}$$

$$= \frac{4M^3 - 16M}{60} = \frac{M^3 - 4M}{15}.$$

Auflösen von Gleichung (2.60) nach a_0 ergibt dann

$$a_0 = \frac{15}{M^3 - 4M}\left(\frac{3M^2 - 7}{20}\ \Sigma x_\tau - \Sigma x_\tau \tau^2\right),$$

wofür wir auch schreiben können

$$(2.61)\qquad a_0 = \frac{3}{4M(M^2-4)}\left((3M^2-7)\,\Sigma x_\tau - 20\,\Sigma x_\tau \tau^2\right).$$

Mit (2.61) haben wir damit die allgemeine Formel gewonnen, die es uns gestattet, für beliebige M eine Schätzung des polynomialen Trends (zweiten oder dritten Grades) in der Mitte des Stützbereichs (also für $\tau = 0$) entsprechend der Methode der kleinsten Quadrate anzugeben.

Für M = 5 erhalten wir aus (2.61) die in Gleichung (2.54) berechneten Gewichte.

Für M = 7 erhalten wir aus (2.61)

$$D_{3,7} = \frac{1}{21}(-2, 3, 6, 7, 6, 3, -2)\,, \qquad (2.62)$$

wobei der gemeinsame Nenner 21 vorgezogen wurde. Die Summe der Gewichte ergibt den Wert 1.

<u>Beispiel 1:</u> Wir betrachten das Trendpolynom 2. Grades

$$x_t = 4 + 3t + 2t^2\,,$$

womit sich für t = -4, ..., 4 die folgenden „Beobachtungen" ergäben, wenn keine Störungen auftreten:

t	-4	-3	-2	-1	0	1	2	3	4
x	24	13	6	3	4	9	18	31	48

Wenn wir nun dieses Trendpolynom 2. Grades an der Stelle t = 1 schätzen wollen mit $D_{3,5}$ (Gleichung (2.54), so erhalten wir aus den im Stützbereich von den 5 Elementen erfaßten Beobachtungen x_{-1} bis x_3 die Trendschätzung

$$\hat{x}_1 = \frac{1}{35}(-3\cdot 3 + 12\cdot 4 + 17\cdot 9 + 12\cdot 18 - 3\cdot 31)$$

$$\frac{1}{35}(-9+48+153+216-93) = \frac{315}{35} = 9.$$

was natürlich mit der „Beobachtung" $x_1 = 9$ übereinstimmt, da alle Residuen Null sind.

<u>Beispiel 2:</u> Für das Trendpolynom 3. Grades

$$x_t = 3 - 4t + t^2 - 2t^3$$

erhalten wir für t = -4, ..., 4 die „Beobachtungen"

t	-4	-3	-2	-1	0	1	2	3	4
x_t	163	78	31	10	3	-2	-17	-54	-125

Wenn wir nun an der Stelle t = -2 aus den „Beobachtungen" eine Trendschätzung aufgrund der Information, daß es sich um ein Polynom 3. Grades handelt (ohne die Parameter zu kennen) durchführen sollen, so liefert uns $D_{3,5}$ auch hier die gewünschte Schätzung

$$\hat{x}_{-2} = \frac{1}{35}(-3\cdot163 + 12\cdot78 + 17\cdot31 + 12\cdot10 - 3\cdot3)$$

$$= \frac{1}{35}(-489 + 936 + 527 + 120 - 9) = \frac{1085}{35} = 31,$$

was natürlich wiederum mit dem Wert von x_{-2} übereinstimmt.

In Tabelle 2.2 findet man die Gewichte der gleitenden Durschschnitte zur Schätzung eines Trendpolynoms 2. bzw. 3. Grades in der Mitte eines Stützbereichs mit einer ungeraden Zahl von Elementen mit der Koeffizientenstruktur $D_{3,M}$. Tabelliert sind die Werte bis zu M = 37. Die Werte wurden aufgrund eines Computerprogramms mit der Programmiersprache QBASIC berechnet.

Aufgrund der Symmetrie dieser gleitenden Durchschnitte ist es üblich, in derartigen Tabellen den Wert in der Mitte des Stützbereichs **fett** zu drucken und dann nur die auf ihn folgenden Werte bis zum rechten Rand des Stützbereichs anzugeben. Die gemeinsamen Nennergewichte stehen vor der Klammer. Auf diese Weise läßt sich insbesondere bei gleitenden Durchschnitten mit großem M Platz sparen.

Die Summe der Gewichte unter Einschluß der negativen Werte ergibt stets den Wert 1, wobei auf den Nenner zu achten ist und die nicht fett gedruckten Zählerwerte zu verdoppeln sind (Man vergleiche etwa für M=5 mit Gleichung (2.54)).

Tabelle 2.2: Trendpolynom 2. bzw. 3. Grades für M =5, 7, ..., 37

M	Gewichte $D_{3,M}$
5	1/35 (**17**, 12, -3)
7	1/21 (**7**, 6, 3, -2)
9	1/231 (**59**, 54, 39, 14, -21)
11	1/429 (**89**, 84, 69, 44, 9, -36)
13	1/143 (**25**, 24, 21, 16, 9, 0, -11)
15	1/1105 (**167**, 162, 147, 122, 87, 42, -13, -78)
17	1/323 (**43**, 42, 39, 34, 27, 18, 7, -6, -21)
19	1/2261(**269**, 264, 249, 224, 189, 144, 89, 24, -51, -136)
21	1/3059 (**329**, 324, 309, 284, 249, 204, 149, 84, 9, -76, -171)
23	1/805 (**79**, 78, 75, 70, 63, 54, 43, 30, 15, -2, -21, -42)
25	1/5175 (**467**, 462, 447, 422, 387, 342, 287, 222, 147, 62, -33, -138, -253)
27	1/1305(**109**, 108, 105, 100, 93, 84, 73, 60, 45, 28, 9, -12, -35, -60)
29	1/8091 (**629**, 624, 609, 584, 549, 504, 449, 384, 309, 224, 129, 24, -91, -216, -351)
31	1/9889 (**719**, 714, 699, 674, 639, 594, 539, 474, 399, 314, 219, 114, -1, -126, -261, -406)
33	1/2387 (**163**, 162, 159, 154, 147, 138, 127, 114, 99, 82, 63, 42, 19, -6, -33, -62, -93)
35	1/14245 (**917**, 912, 897, 872, 837, 792, 737, 672, 597, 512, 417, 312, 197, 72, -63, -208, -363, -528)
37	1/3367 (**205**, 204, 201, 196, 189, 180, 169, 156, 141, 124, 105, 84, 61, 36, 9, -20, -51, -84, -119)

2.7. Trendschätzungen am aktuellen Rand eines Stützbereichs

2.7.1. Lineares Trendpolynom

Bisher hatten wir den polynomialen Trend in der Mitte des Stützbereichs lediglich mit Hilfe der Parameterschätzung a_0 ermittelt. Mit einer solchen Mittenschätzung kann man für einen Stützbereich von M Werten für m Werte am Anfang und m Werte am Ende der Zeitreihe keine Schätzung vornehmen.

Wir wollen nun Schätzungen für beliebige Stellen des Stützbereichs berechnen. Dabei sind für die Prognose gerade die letzten Stellen des Stützbereichs, der sogenannte aktuelle Rand, von Interesse. Für wirtschaftshistorische Untersuchungen wären dagegen die ersten Stellen des Stützbereichs von besonderem Interesse, um auch an diesen Stellen Schätzungen zu erhalten für den Anfang von Zeitreihen.

Zunächst betrachten wir einen linearen Trend als Trendpolynom 1. Grades und wollen beispielhaft für einen Stützbereich mit M = 5 Elementen die Trendschätzungen an allen 5 Stellen des Stützbereichs ermitteln. Wir benötigen hierzu Gleichung (2.15), wobei aufgrund der Gleichungen (2.22) und (2.24) für die Parameterschätzungen gilt

$$a = \frac{1}{5}(x_{-2} + x_{-1} + x_0 + x_1 + x_2) \tag{2.63}$$

und wegen $\Sigma\tau^2 = 10$

$$b = \frac{1}{10}(-2x_{-2} - x_{-1} + x_1 + 2x_2)\,. \tag{2.64}$$

Wenn wir dies einsetzen in die lineare Trendfunktion

$$\hat{x}_\tau = a + b \cdot \tau, \qquad \tau = -2, \ldots, 2\,, \tag{2.15}$$

so erhalten wir für die verschiedenen Werte von τ die Schätzungen

$$\hat{x}_{-2} = \frac{1}{5}(3x_{-2} + 2x_{-1} + x_0 - x_2)\,,$$

$$\hat{x}_{-1} = \frac{1}{10}(4x_{-2} + 3x_{-1} + 2x_0 + x_1)\,,$$

$$\hat{x}_0 = \frac{1}{5}(x_{-2} + x_{-1} + x_0 + x_1 + x_2)\,,$$

$$\hat{x}_1 = \frac{1}{10}(x_{-1} + 2x_0 + 3x_1 + 4x_2) \quad \text{und}$$

$$\hat{x}_2 = \frac{1}{5}(-x_{-2} + x_0 + 2x_1 + 3x_2)\,.$$

Wir bemerken, daß wir für $\tau = 0$ wieder die Schätzung in der Mitte des Stützbereichs bekommen. Jede dieser Schätzungen ist ein gleitendes Mittel, dessen Summe der Gewichte den Wert 1 ergibt. Je mehr sich die Trendschätzung im Stützbereich auf den aktuellen Rand bei $\tau = 2$ zubewegt, desto stärker wird das Gewicht von x_2. Bis auf die Trendschätzung in der Mitte des Stützbereichs sind alle anderen Trendschätzungen des Stützbereichs asymmetrisch. Am historischen Rand des Stützbereichs ist die Reihenfolge der Gewichte entgegengesetzt zu der am aktuellen Rand. Entsprechend ist für höhere ungerade Werte von M zu verfahren, d.h. die Gleichungen (2.22) und (2.24) sind für diese Werte von M in Gleichung (2.15) einzusetzen.

2.7.2. Trendpolynom 3. Grades

Für M = 5 entwickeln wir die Trendschätzungen für ein Polynom 3. Grades. Mit $D_{3,5}$ gewinnen wir zunächst

$$(2.58) \qquad a_0 = \frac{1}{35} \left(-3x_{-2} + 12x_{-1} + 17x_0 + 12x_1 - 3x_2\right).$$

Aus Gleichung (2.52) erhalten wir mit $\tau = -2, \ldots, 2$

$$a_2 = \frac{1}{14} \left(4x_{-2} + x_{-1} + x_1 + 4x_2 - 2x_{-2} - 2x_{-1} - 2x_0 - 2x_1 - 2x_2\right)$$

$$= \frac{1}{14} \left(2x_{-2} - x_{-1} - 2x_0 - x_1 + 2x_2\right).$$

Aus Gleichung (2.44) erhalten wir analog im Nenner für M = 5 wegen $\Sigma\tau^4 = 34$ und $\Sigma\tau^6 = 64 + 1 + 0 + 1 + 64 = 130$ den Wert $130 \cdot 10 - 34 \cdot 34 = 144$, so daß

$$a_3 = \frac{1}{144} \left(10\, \Sigma x_\tau \tau^3 - 34\, \Sigma\, x_\tau \tau\right)$$

$$= \frac{1}{144} \left(-80x_{-2} - 10x_{-1} + 10x_1 + 80x_2 + 68x_{-2} + 34x_{-1} - 34x_1 - 68x_2\right)$$

$$= \frac{1}{144} \left(-12x + 24x - 24x + 12x\right)$$

$$= \frac{1}{12} \left(-x_{-2} + 2x_{-1} - 2x_1 + x_2\right).$$

Aus Gleichung (2.43) gewinnen wir analog

$$a_1 = \frac{1}{10} (\Sigma x_\tau \tau - 34a_3)$$

$$= \frac{1}{60} (-12x_{-2} - 6x_{-1} + 6x_1 + 12x_2 + 17x_{-2} - 34x_{-1} + 34x_1 - 17x_2)$$

$$= \frac{1}{12} (x_{-2} -8x_{-1} +8x_1 - x_2) .$$

Einsetzen der Parameterschätzungen in Gleichung (2.46) liefert dann für $\tau = 2$ die Trendschätzung

$$\hat{x}_2 = \frac{1}{35} (-3x_{-2} + 12x_{-1} + 17x_0 +12x_1 - 3x_2) \tag{2.65}$$

$$+ \frac{2}{12} (x_{-2} -8x_{-1} +8x_1 -x_2)$$

$$+ \frac{4}{14} (2x_{-2} -x_{-1} -2x_0 -x_1 +2x_2)$$

$$+ \frac{8}{12} (-x_{-2} + 2x_{-1} -2x_1 +x_2)$$

$$= \frac{1}{70} (-x_{-2} +4x_{-1} -6x_0 +4x_1 +69x_2) .$$

Mit ähnlichen Berechnungen erhält man an der Stelle $\tau = 1$ aus Gleichung (2.46) durch Einsetzen sämtlicher Parameterschätzungen a_i ($i = 0, \ldots, 3$) die Trendschätzung

$$\hat{x}_1 = \frac{1}{35}(2x_{-2} - 8x_{-1} + 12x_0 + 27x_1 + 2x_2)\,. \tag{2.66}$$

Auch hier läßt sich beobachten, daß an der Stelle $\tau = -1$ die Reihenfolge der Gewichte entgegengesetzt ist zu der an der Stelle $\tau = 1$. Gleiches gilt für $\tau = -2$ und $\tau = 2$.

Für höhere ungerade Werte von M sind die Berechnungen analog zu den hier gezeigten Berechnungen durchzuführen. In Kendall (1976), S. 37 sind die Trendschätzungen eines Polynoms 3. Grades für einen Stützbereich mit M = 7 Elementen angegeben.

Beispiel: Bezugnehmend auf Beispiel 2 von Abschnitt 2.6. errechnen wir für M = 5 mittels Gleichung (2.65) die Trendschätzung des Polynoms 3. Grades am aktuellen Rand m=2 für t =4 als

$$\hat{x}_4 = \frac{1}{70}((-1)\cdot 3 + 4\cdot(-2) - 6\cdot(-17) + 4\cdot(-54) + 69\cdot(-125))$$

$$= -\frac{8750}{70} = -125\,,$$

was mit dem in der Tabelle aufgeführten Wert $x_4 = -125$ übereinstimmt, da wieder alle Residuen Null sind.

Im Anhang A2. werden für die ersten drei Polynomgrade allgemeine Formeln für Trendschätzungen an beliebiger Stelle des Stützbereichs aufgezeigt.

2.8. Stützbereiche mit gerader Anzahl M von Elementen

Bisher haben wir nur Stützbereiche betrachtet, deren Anzahl M von Elementen ungerade war. Damit war gewährleistet, daß für den Zeitpunkt der Schätzung eine Beobachtung existierte. Wie wir weiter sehen konnten, lag für jede Position des Stützbereichs zu einer Schätzung eine zeitlich zugehörige Beobachtung vor.

Wenn wir einen gleitenden Durschnitt mit einer geraden Zahl M von Elementen bilden, entspricht das ungewogene arithmetische Mittel einem Wert, für den keine Beobachtung vorliegen kann. Für M = 4 liefert z.B. das mit den Gewichten ¼ gebildete Mittel aus den ersten vier Beobachtungen x_1, x_2, x_3 und x_4 einen Wert, der als Schätzung angesehen werden kann für einen theoretischen Wert, der zwischen den beiden mittleren Werten x_2 und x_3 liegt und den Index 2,5 tragen müßte. Für diskrete Beobachtungen existiert ein Wert zu einem derartigen Zeitpunkt nicht.

Bildet man anschließend für die Beobachtungen x_2, x_3, x_4 und x_5 in gleicher Weise mit den Gewichten ¼ einen Mittelwert, so müßte dieser den Index 3,5 tragen.

Der Mittelwert aus diesen beiden Mitteln liefert dann eine Schätzung für x_3 :

$$\hat{x}_3 = \frac{\hat{x}_{2,5} + \hat{x}_{3,5}}{2}$$

$$= ((x_1 + x_2 + x_3 + x_4)/4 + (x_2 + x_3 + x_4 + x_5)/4)/2$$

$$= \frac{1}{8}(x_1 + 2x_2 + 2x_3 + 2x_4 + x_5)\,.$$

Das bedeutet, daß man den mittleren Elementen des Stützbereichs das Gewicht von ¼ gibt und auf die beiden Randwerte des Stützbereichs dieses Gewicht aufteilt. Die Summe der Gewichte ergibt den Wert 1.

Dieses gleitende Mittel ist geeignet zur Schätzung eines linearen Trends.

Zwar wird damit im Stützbereich die Identität der Gewichte aufgegeben, gleichwohl bleibt die wertvolle Eigenschaft der Symmetrie erhalten.

Die praktische Bedeutung der gleitenden Durchschnitte mit einer geraden Anzahl M von Elementen ist darin zu sehen, daß nach unserer Zeitrechung jedes Jahr aus einer geraden Anzahl von Monaten bzw. Quartalen besteht.

Beispiel: Wenn wir aus Quartalsdaten einen gleitenden Durchschnitt für das 3. Quartal des Jahres 1990 berechnen wollen, so erhalten mit diesem Durchschnitt die Werte des 1. Quartals des Jahres 1990 und des Jahres 1991 das Gewicht von 1/8 und die restlichen Quartalswerte des Jahres 1990 das Gewicht von 1/4.

Auch der in der Praxis weitverbreitete Zwölfmonatsdurchschnitt ist geeignet zur Schätzung eines linearen Trends mit Monatsdaten.

So bildet man aus den Monatsdaten $x_1, ..., x_{13}$ die lineare Trendschätzung

$$\hat{x}_7 = \frac{\hat{x}_{6,5} + \hat{x}_{7,5}}{2}$$

$$= ((x_1 + ... + x_{12})/12 + (x_2 + ... + x_{13})/12)/2$$

$$= \frac{1}{24}(x_1 + 2x_2 + 2x_3 + ... + 2x_{11} + 2x_{12} + x_{13}) .$$

Beispiel: Ist also die Annahme eines linearen Trend gerechtfertigt, so läßt sich der Trendwert für den Juli des Jahres 1990 berechnen, indem man den Januarwerten der Jahre 1990 und 1991 jeweils das Gewicht 1/24 und den restlichen Monatswerten des Jahres 1990 das Gewicht 1/12 gibt.

Wie man zeigen kann, kommt man formal zum gleichen Ergebnis dieses gleitenden Zwölfmonatsdurchschnitts, wenn man jeweils zwei aufeinanderfolgende Monatswerte mittelt und sodann das arithmetische Mittel von zwölf solcher aufeinanderfolgender Mittel bildet. Dies veranschaulicht, daß man die Reihenfolge sukzessiver linearer zeitinvarianter Filter vertauschen darf.

2.9. Trendelimination mit Differenzen

Eine unter Zeitreihenanalytikern beliebte Technik zur Trendelimination ist neben den bisher betrachteten Polynomen und gleitenden Durchschnitten die Differenzenbildung.

Mit *1. Differenzen*

$$\Delta x_t = x_t - x_{t-1} \tag{2.67}$$

läßt sich für eine Zeitreihe mit nahezu konstantem Verlauf

$$x_t = a_0 + e_t\,, \qquad t = 1, \ldots, T \tag{2.68}$$

mit

a_0 = Niveaukonstante

e_t = Residuum der Periode t,

das Niveau auf Null bringen. Es entsteht

$$\Delta x_t = a_0 + e_t - (a_0 + e_{t-1}) = e_t - e_{t-1} = \Delta e_t\,, \qquad t = 2, \ldots, T, \tag{2.69}$$

d.h. als Ergebnis der Differenzenbildung erhalten wir eine Fluktuation um das Niveau Null in Form der 1. Differenzen der Residuen. a_0 wurde dabei eliminiert.

Mit *2. Differenzen*

$$\begin{aligned} \Delta^2 x_t &= \Delta x_t - \Delta x_{t-1} \\ &= x_t - x_{t-1} - (x_{t-1} - x_{t-2}) \\ &= x_t - 2x_{t-1} + x_{t-2} \end{aligned} \tag{2.70}$$

kann man einen linearen Trend

(2.71) $x_t = a_0 + a_1 t + e_t$, $t = 1, ..., T$

eliminieren, denn man erhält

(2.72) $$\Delta x_t = a_0 + a_1 t + e_t - 2(a_0 + a_1(t-1) + e_{t-1}) + a_0 + a_1(t-2) + e_{t-2}$$

$$= e_t - 2e_{t-1} + e_{t-2} = \Delta^2 e_t, \qquad t = 3, ..., T,$$

d.h. auch hier verbleibt lediglich eine Fluktuation um Null in Höhe der 2. Differenzen der Residuen.

Mit *3. Differenzen*

(2.73) $$\Delta^3 x_t = \Delta^2 x_t - \Delta^2 x_{t-1}$$

$$= x_t - 2x_{t-1} + x_{t-2} - (x_{t-1} - 2x_{t-2} + x_{t-3})$$

$$= x_t - 3x_{t-1} + 3x_{t-2} - x_{t-3}$$

wird man einen quadratischen Trend

(2.74) $x_t = a_0 + a_1 t + a_2 t^2 + e_t$, $t = 1, ..., T$

eliminieren, denn es ergibt sich entsprechend

(2.75) $\Delta^3 x_t = \Delta^3 e_t$, $t = 4, ..., T$,

was der Leser durch Einsetzen von Gleichung (2.74) in Gleichung (2.73) überprüfen kann. Man beachte die Enstehung binomischer Koeffizienten in (2.70) und (2.73).

Allgemein gilt, daß man ein Trendpolynom p-ten Grades durch (p+1)-fache Differenzen Δ^{p+1} vollständig eliminieren kann. Dabei läßt sich zeigen, daß durch einfache Differenzenbildung jedes Trendpolynom p-ten Grades in ein Trendpolynom (p-1)-ten Grades übergeht ($p \geq 1$). Zwar verschwinden bei der Differenzenbildung, wie sich zeigen läßt, sukzessiv die Parameterschätzungen a_i ($i = 0, ..., p$) von der höchsten Ordnung abwärts, doch erhöht jede weitere Differenzenbildung die

Ordnung der Differenzen der Residuen, womit eine neue Form von Fluktuation in die Daten hineinkommt.

In der Praxis ist daher darauf zu achten, daß, vergeichbar dem Vorgehen mit Polynomen, wo ein zu hoher Polynomgrad neue Probleme entstehen läßt, die Ordnung der Differenzen, die man verwendet, nicht zu hoch ist. Auch hier sollten sachlogisch Argumente nicht ignoriert werden.

Für die Auswahl des richtigen Polynomgrades ist im übrigen die im folgenden Abschnitt beschriebene Technik recht hilfreich.

2.10. Die variate difference-Technik

Wie Davis ((1963, S. 240-241) aufzeigt, lassen sich die Anfänge dieser Technik bis in das 19. Jahrhundert verfolgen. Am bekanntesten wurde sie durch das Buch von Gerhard Tintner (1940), neuere Untersuchungen findet man in Tintner-Rao-Strecker (1978). Eine ausführliche Würdigung der Methode enthalten die Werke von Kendall (1976) und Kendall-Stuart (1976). Weitere Details findet man in Grenander-Rosenblatt ((1956), S. 94-95).

Der Grundgedanke dieser Technik besteht darin, daß eine Zeitreihe sich nach dem Zerlegungssatz von Herman Wold in eine deterministische und in eine stochastische Komponente zerlegen läßt. Ist die deterministische Komponente z.B. ein Trendpolynom unbekannten Grades, so läßt sich diese deterministische Komponente entweder durch erste, zweite oder höhere Differenzen eliminieren.

Die Technik empfiehlt folgendes *Entscheidungskriterium*:

Läßt sich ab der d-ten Differenz durch weitere Differenzenbildung die Varianz der Restgröße nicht mehr bedeutend reduzieren, so ist zu vermuten, daß die Originalzeitreihe durch ein Trendpolynom (d-1)-ten Grades approximiert werden kann.

Das praktische Vorgehen orientiert sich an folgendem Modell: Da für d-te Differenzen die Koeffizienten der Residuen, wie wir im vorigen Abschnitt sahen, binomische Koeffizienten sind mit

(2.76) $$\Delta^d e_t = \sum_{\tau=0}^{d} (-1)^\tau \cdot \binom{d}{\tau} \cdot e_{t-\tau}$$

erhält man für eine unkorrelierte stochastische Komponente (die als Input dieses linearen Filters verstanden werden kann) mit Varianz σ^2 nun als Varianz der d-ten Differenz der Residuen

(2.77) $$V(\Delta^d e_t) = \sigma^2 \cdot \sum_{\tau=0}^{d} \binom{d}{\tau}^2 = \sigma^2 \cdot \binom{2d}{d}.$$

Nach einem bekannten Satz ist nämlich die Varianz der Summe von mit Gewichten g_τ versehenen unkorrelierten und identisch verteilten Zufallsvariablen $e_{t-\tau}$ gleich der Varianz dieser Zufallsvariablen, multipliziert mit der Summe der Quadrate der Gewichte. Weiter kann man zeigen, daß die Summe der Quadrate der binomischen Koeffizienten eines Binoms der Ordnung d nun 2d über d ergibt.

Mit

(2.78) $$\hat{\sigma}^2 = \frac{V(\Delta^d e_t)}{\binom{2d}{d}}$$

hat man dann eine Schätzung der Varianz der stochastischen Komponente. Man kann für verschiedene d (d = 1, 2, ...) entsprechende Differenzen der Origininalzeitreihe bilden und die Varianz der Restgröße durch zuletzt genannten binomischen Koeffizienten dividieren und die Resultate miteinander entsprechend dem genannten Entscheidungskriterium vergleichen.

Beispiele: Für das Binom 1. Grades mit d =1 ergibt die Summe der Quadrate der binomischen Koeffizienten den Wert 2 (= 1 + 1), für d =2 den Wert 6 (= 1 + 4 + 1), für d = 3 den Wert 20 (= 1 + 9 + 9 + 1) und für d = 4 den Wert 70 (= 1 + 16 + 36 + 16 + 1). Man veranschauliche sich dies auch durch Einsetzen der verschiedenen Werte von d in 2d über d.

Die Methode arbeitet nicht immer zuverlässig. Die Technik eignet sich nicht zur Elimination der deterministischen Komponente, wenn diese zyklischer Natur ist. Auch darf die irreguläre Komponente nicht autokorreliert sein.

Weiterführende Literatur

Davis (1963)
Gregg-Hossell-Richardson (1964)
Guest (1961)
Kendall-Stuart (1966)
Kendall (1978)
Leiner (1978)
Grenander-Rosenblatt (1956)

Übungsaufgaben

2.1. Wie lauten die Bestimmungsgleichungen für die Parameterschätzungen a und b der linearen Trendschätzung mit der Methode der kleinsten Quadrate
a) wenn man die exogene Variable in den üblichen Bestimmungsgleichungen durch den Zeitindex t ersetzt,
b) wenn der Zeitindex so gewählt wird, daß sein Mittel Null ergibt?

2.2. Welche Typen von Trendfunktionen kennen Sie?

2.3. Durch welche gleitenden Durchschnitte läßt sich ein linearer Trend mittels eines Stützbereichs mit ungerader Anzahl M von Elementen in der Mitte des Stützbereichs schätzen?

2.4. Wie lautet das Normalgleichungssystem zur Schätzung eines Trendpolynoms 2. Grades für die Werte eines Stützbereichs mit M = 5 Elementen?

2.5. Wie lautet das Normalgleichungssystem zur Schätzung eines Trendpolynoms 3. Grades für die Werte eines Stützbereichs mit M = 7 Elementen?

2.6. Berechnen Sie mit den Angaben von Beispiel 1 (Trendpolynom 2. Grades) aus Abschnitt 2.6. Trendschätzungen an den Stellen $\tau = -2$, $\tau = -1$, $\tau = 0$ und $\tau = 2$ mit $D_{3,5}$.

2.7. Berechnen Sie mit den Angaben von Beispiel 1 (Trendpolynom 2. Grades) aus Abschnitt 2.6. eine Trendschätzung an der Stelle $\tau = 1$ mit $D_{3,7}$.

2.8. Berechnen Sie mit den Angaben von Beispiel 2 (Trendpolynom 3. Grades) aus Abschnitt 2.6. Trendschätzungen an den Stellen $\tau = -1$, $\tau = 0$, $\tau = 1$ und $\tau = 2$ mit $D_{3,5}$.

2.9. Berechnen Sie mit den Angaben von Beispiel 2 (Trendpolynom 3. Grades) aus Abschnitt 2.7. eine Trendschätzung an der Stelle $\tau = -1$ mit $D_{3,7}$.

3. Kapitel

Saisonbereinigung

Im vorigen Kapitel haben wir uns sehr ausführlich mit Techniken der Trendschätzung und Trendelimination befaßt. Dies war geboten, da, wie zuvor erwähnt, rund drei Viertel der Variation einer ökonomischen Zeitreihe durch den Trend erklärt werden kann. Der verbleibende Rest an Variation kann nach dem Verständnis der klassischen Zeitreihenanalyse durch die Komponenten Saison, Konjunktur und Zufallseinflüsse erklärt werden.

Mit Soyka ((1996), S. 14) kann man *Saisonschwankungen* beschreiben als „systematische, wenn auch nicht notwendigerweise streng regelmäßige oder konstante Zyklen innerhalb eines Jahres, die durch das Wetter, Feiertage, Geschäftspraktiken und Erwartungen hervorgerufen werden und die zu lokalen Maxima an der Saisonfrequenz führen."

In der Praxis gibt es nun kein einheitliches Verfahren zur Saisonschätzung und Saisonbereinigung. Zum besseren Verständnis der theoretischen Hintergründe wollen wir uns zunächst mit einem der einfachsten Saisonbereinigungsverfahren beschäftigen, daß von Vertretern der Frankfurter Schule zur Elimination einer starren Saisonkomponente für eine trendbereinigte Zeitreihe empfohlen wurde (vgl. auch Blind (1969), S. 221-222).

3.1. Das Phasendurchschnittsverfahren

Wir gehen davon aus, daß die Daten für T Jahre mit s Phasen komplett vorliegen. Phasen wird hier als verallgemeinernder Ausdruck für Monate bzw. Quartale oder sonstige Einteilungen eines

Jahres verwendet. Für Monatsdaten ist s = 12, so daß dann insgesamt 12T Daten im Datensatz vorliegen sollten. Hierbei ist es dem Benutzer dieses Verfahrens überlassen, ob er vom Januar des ersten Jahres bis zum Dezember des letzten Jahres diesen Datensatz aus seinen Quellen aussucht oder 12T aufeinanderfolgende Daten bis hin zum letzten verfügbaren Monatswert auswählt.

Das Verfahren läßt sich mit vier Schritten beschreiben.

1. Schritt: Bildung von Phasendurchschnitten

Für alle Monatswerte (entsprechend für Quartalswerte) werden *Phasendurchschnitte* gebildet. Diese sind das arithmetische Mittel aller Beobachtungen gleichen Monats.

Wir bezeichnen mit $x_{t,i}$ (t = 1, ..., T, i = 1, ..., 12) die Beobachtungen der Zeitreihe, deren erster Index t das zugehörige Jahr und deren zweiter Index i den zugehörigen Monat angeben. Auf diese Weise erhält man den Phasendurchschnitt für den i-ten Monat mit

$$\bar{x}_i = \frac{1}{T} \sum_{t=1}^{T} x_{t,i}, \qquad i = 1, \ldots, 12. \tag{3.1}$$

Man bildet also z.B. für den Phasendurchschnitt des Monats Januar die Summe aller Januarwerte und dividiert diese durch ihre Anzahl T. Entsprechend verfährt man für die Monate Februar bis Dezember.

2. Schritt: Bildung des Gesamtdurchschnitts

Den Gesamtdurchschnitt aller Beobachtungen erhält man für Monatsdaten mit

$$\bar{x} = \frac{1}{12} \sum_{i=1}^{12} \bar{x}_i . \tag{3.2}$$

Setzt man Gleichung (3.1) in Gleichung (3.2) ein, so gilt natürlich

$$\bar{x} = \frac{1}{12T} \sum_{i=1}^{12} \sum_{t=1}^{T} x_{t,i} . \tag{3.3}$$

3. Schritt: Berechnung von Saisonfaktoren

Wir relativieren nun die Phasendurchschnitte in bezug auf den Gesamtdurchschnitt, d.h. wir bilden die sogenannten *Saisonindexziffern* (besser wäre eigentlich ihrer Konstruktion nach die Bezeichnung Saisonmeßziffern)

$$s_i = \frac{\bar{x}_i}{\bar{x}}, \qquad i = 1, ..., 12, \tag{3.4}$$

woraus wegen Gleichung (3.2) folgt, daß für den Mittelwert der Saisonindexziffern gilt, daß

$$\bar{s} = \frac{1}{12} \sum_{i=1}^{12} s_i = 1 . \tag{3.5}$$

Man dividiert also z.B. den Januardurchschnitt durch den Gesamtdurchschnitt und verfährt entsprechend mit den anderen Monatsdurchschnitten. Sind die Januarwerte überdurchschnittlich groß, so ist $s_1 > 1$. Sind die Beobachtungswerte eines anderen typischen Monats i unterdurchschnittlich, so ist $s_i < 1$ (Man spricht auch von *Saisonfaktoren*).

Abweichend von dieser *multiplikativen Version* gibt es noch eine *additive Version* (vgl. Kendall (1976), S. 58-59), in der man Differenzen

$$s_i^* = \bar{x}_i - \bar{x}\,, \qquad i = 1, \ldots, 12 \tag{3.6}$$

bildet, für die gilt, daß ihre Summe gleich Null ist.

4. Schritt: Saisonbereinigung

Schließlich werden die Beobachtungen in der multiplikativen Version durch die zugehörigen Saisonindexziffern dividiert. Man erhält somit als *saisonbereinigten Wert* für Jahr t und Monat i

$$\tilde{x}_{t,i} = \frac{x_{t,i}}{s_i}\,, \qquad t = 1, \ldots, T, \quad i = 1, \ldots, 12. \tag{3.7}$$

Weist also ein Monat typischerweise überdurchschnittlich hohe Werte auf, so wird ein entsprechender Beobachtungswert aus diesem Monat durch die Saisonbereinigung auf die Größenordnung eines normalen Monats reduziert. Weist ein Monat typischerweise unterdurchschnittliche Werte auf, so wird bei der Saisonbereinigung ein derartiger Monatswert auf die Größenordnung eines normalen Monats erhöht.

In der additiven Version bildet man entsprechend

$$\tilde{x}_{t,i}^* = x_{t,i} - s_i^*\,, \qquad t = 1, \ldots, T, \quad i = 1, \ldots, 12. \tag{3.8}$$

Da in der ökonomischen Praxis die Saisonfigur nicht über Jahre hinweg konstant erhalten bleibt und außerdem zumeist starke Trends zu beobachten sind, wird das Phasendurchschnittsverfahren, das früher aufgrund seiner einfachen Rechentechnik recht beliebt war, kaum noch verwendet. Immerhin kann man mit ihm das Verständnis der Datenkonsumenten für den Hintergrund etwa saisonbereinigter Arbeitsmarktzahlen fördern. Das ist leider etwas, was die komplizierteren Verfahren nicht mehr so gut vermögen.

Im folgenden sollen einige Saisonbereinigungsverfahren vorgestellt werden, die von datenproduzierenden Institutionen entwickelt wurden. Dabei gestatten diese Institutionen im allgemeinen leider nur wenig Einblick in das detaillierte Vorgehen dieser Techniken.

3.2. Die X11-Variante des Census-Verfahrens II

Das US Bureau of the Census, als amerikanisches nationales Statistisches Amt dem Department of Commerce zugeordnet, ist seit 1910 ständig mit der Durchführung von Volkszählungen betraut. Bereits im Jahre 1954 wurde vom US Bureau of the Census ein auf Computereinsatz gestütztes Verfahren zur Saisonbereinigung entwickelt, das Census-Verfahren I, aus dem im Jahre 1955 das verbesserte Census-Verfahren II hervorging. Die Variante X11 dieses Verfahrens aus dem Jahre 1965 hat mittlerweile eine weite Verbreitung gefunden und wurde seit dem Jahre 1970 von der Deutschen Bundesbank zur Erstellung saisonbereinigter Daten verwendet. Eine ausführliche Programmbeschreibung der X11-Variante des Census-Verfahrens II findet man in Shiskin (1967).

Das Verfahren basiert auf einer Reihe von Techniken (zumeist gleitende Durchschnitte), die ineinander verschachtelt sind und im einzelnen (zum Teil je nach Wunsch des Benutzers, zum Teil automatisch) mehrfach wiederholt werden können. Man versteht somit, daß eine modelltheoretische Fixierung dieses Verfahrens nicht möglich ist.

Das Vorgehen des Verfahrens kann in zwei Bearbeitungsgänge aufgeteilt werden. Eine ausführliche Würdigung dieser aufeinanderfolgenden Arbeitsgänge findet man in der Dissertation von Creutz (1979) sowie in Stier (1980).

Der *1. Bearbeitungsgang* läßt sich wie folgt charakterisieren:

1. Die Originaldaten (Ursprungsreihe) können vorläufig von Kalenderunregelmäßigkeiten bereinigt werden.

2. Mit einem gleitenden Zwölfmonatsdurchschnitt werden die Daten geglättet. Mit der Division der Daten durch die geglätteten Werte kann ein linearer Trend eliminiert werden, wie wir bereits gesehen haben.

3. Extremwerte (sogenannte *Ausreißer*, die nicht typisch für den Reihenverlauf sind) können bereinigt werden, indem im einfachsten Fall an ihre Stelle das arithmetische Mittel ihrer benachbarten Werte tritt. Der Benutzer kann entscheiden, ab welcher Größenordnung Beobachtungen als Ausreißer anzusehen sind.

4. Rohwerte saisonaler Faktoren werden mit Hilfe gleitender Durchschnitte gebildet.

Dieser 1. Bearbeitungsgang wird sodann noch einmal durchlaufen unter Berücksichtigung der Ergebnisse des 1. Bearbeitungsganges, um z.B. Kalenderunregelmäßigkeiten endgültig zu korrigieren.

Der *2. Bearbeitungsgang* enthält im wesentlichen folgende Operationen:

1. Es erfolgt eine Neuschätzung der glatten Komponente mit dem *15-Elemente-Durchschnitt von Spencer* (der zur Schätzung bzw. Elimination eines Trendpolynoms 3. Grades geeignet ist. Der bereits im Jahre 1904 von Spencer entwickelte 15-Elemente-Durchschnitt (vgl. hierzu Kendall (1976), S. 36) hat die Gewichte (für die Positionen $x_{-7}, \ldots, 0, \ldots, x_7$)

$$\frac{1}{320}\,[-3, -6, -5, 3, 21, 46, 67, 74, 67, 46, 21, 3, -5, -6, -3]$$

und ist zu verstehen als Kombination eines gleitenden Durchschnitts von M = 5 Elementen mit den Gewichten 1/5 mit zwei gleitenden Durchschnitten von jeweils M = 4 Elementen mit den Gewichten 1/4 und anschließender Gewichtung mit

$$\tfrac{1}{4}\,[-3, 3, 4, 3, -3].$$

2. Es werden saisonale Faktoren gebildet und extremwertbereinigt.

3. Die durch die saisonalen Faktoren dividierten Originaldaten ergeben sodann die saisonbereinigten Werte.

4. Auf die saisonbereinigte Reihe wird der 15-Elemente-Durchschnitt von Spencer angewendet, der damit die Trendschätzung liefert.

Daneben gibt es noch diverse Optionen, etwa zur Extremwertbereinigung, die nicht unbedingt dazu angetan sind, das Verständnis des Benutzers dafür, was er nun eigentlich mit seiner Zeitreihe anstellt, wesentlich zu verbessern. Dafür werden einige Prüfgrößen errechnet, womit der Benutzer Indizien für die Berechtigung sukzessiver Manipulationen der Daten erhält oder auch nicht.

Wenn auch aus theoretischer Sicht starke Bedenken gegen den empiristischen Aufbau und die methodisch undurchsichtige Struktur des Verfahrens geltend gemacht werden (vgl. hierzu Schäffer (1970), Stier (1980) und Creutz (1979)), so schneidet es in praktischen Vergleichen mit anderen Methoden zuweilen recht gut ab (siehe hierzu Schäffer (1976a) und Creutz (1979), S. 120-121).

Für das praktische Arbeiten mit der X11-Variante des Census-Verfahrens II bietet sich die Prozedur X11 des Programmpaktes SAS an, das in einigen Rechenzentren implementiert ist. Doch auch hier dürften die meisten Benutzer mit dem, was sie eigentlich ausführen, wenig verständnismäßig anfangen können, zumal die statistischen Hintergründe in diesen Programmpaketen nur wenig beleuchtet werden und die Probebeispiele kaum kommentiert sind. Wer sich dann an Variationen heranwagt, ist auf sich selbst gestellt.

3.3. Weitere Verfahren zur Saisonbereinigung

Ohne Anspruch auf Vollständigkeit sollen hier noch einige Verfahren der Saisonbereinigung erwähnt werden.

1. Das Berliner Verfahren

Dieses Verfahren wurde ursprünglich an der TU Berlin in Zusammenarbeit mit dem Deutschen Institut für Wirtschaftsforschung (DIW) entwickelt. Hierbei wurde der Versuch unternommen, klassische Techniken der Zeitreihenanalyse mit neueren Methoden zu verbinden, die auf Erkenntnisse von Analysen im Frequenzberich zurückgreifen. Eine Beschreibung der 2. Version des Verfahrens findet man in Nullau-Heiler-Wäsch-Meisner-Filip (1969) sowie Heiler (1970) und Nullau (1970), die 3. Version wird in Nourney-Söll (1976) und Nourney (1975) beschrieben. Nourney berichtete in Wirtschaft und Statistik (1983), auf S. 841-852 über die 4. Version, mit der sogenannte reihenspezifische Filter entwickelt wurden, ohne daß damit das Vorgehen des Verfahrens nachvollziehbar beschrieben wurde. Damit ergibt sich für den Benutzer der Daten des Statistischen Bundesamtes nur die Möglichkeit, die Originaldaten zu verwenden oder transformierte Daten, deren Transformationen er nicht nachvollziehen kann.

2. Das ASA II-Verfahren

Das ASA II-Verfahren wurde im Jahre 1970 vom HWWA-Institu für Wirtschaftsforschung (Hamburg), dem Ifo-Institut (München) und dem Rheinisch-Westfälischen Institut für Wirtschaftsforschung (Essen) in Gemeinschaftsarbeit entwickelt und wurde insbesondere vom Ifo-Institut zur Saisonbereinigung eingesetzt. Das Verfahren verwertet Erkenntnisse des Census-Verfahrens II und des Berliner Verfahrens. Die Saisonkomponente kann in linearer Abhängigkeit von der Trend-Konjunktur-Komponente oder von der Zeit betrachtet werden. Eine Beschreibung des Verfahrens findet man in Danckwerts-Goldrian-Schaefer-Schüler (1970). Wegen einer kritischen Würdigung des Verfahrens sei verwiesen auf Stier (1980).

3. Das SAEG-Verfahren

Dieses Computerprogramm wurde von J. Bongard für das Statistische Amt der Europäischen Gemeinschaft (heute eurostat genannt) entwickelt (vgl. hierzu Bongard (1963)). Aus den Daten werden Ausreißer eliminiert, ein 19-elementiger (wahlweise: 27-elementiger) gleitender Durchschnitt soll eine konstante Saisonfigur eliminieren und eine vorläufige Trendschätzung ermöglichen. Mit einigen Tests werden das Saisonverhalten und andere Besonderheiten der Zeitreihe untersucht.

4. Das Verfahren der Bank of England

Diese von J.P. Burman entwickelte Verfahren (vgl. Burman (1965)) arbeitet mit Residuen logarithmischer Transformationen (multiplikatives Modell), auf die ein gleitender Durchschnitt mit 13 Elementen zur Trendschätzung angewendet wird. Saisonindizes werden mit Hilfe von Fourierreihen bestimmt, Ausreißer werden eliminiert.

5. Das CPB-Verfahren

Das im Central Planning Bureau (CPB) der Niederlande verwendete Verfahren wird in Driehuis ((1972), S. 248-250) skizziert. Zu den verwendeten gleitenden Durchschnitten gehören ein Spencer-Durchschnitt mit 15 Elementen und der gleitende 12-Monatsdurchschnitt.

6. Saisonbereinigung durch exponentielles Glätten

Die von Brown (1963) entwickelte Technik des exponential smoothing wurde von Winters (1960) und Harrison (1965),(1967) erweitert, wobei Saisonfaktoren bestimmt werden können. Vgl. hierzu Mertens (1981) und Lewandowski (1974).

7. Saisonale Modelle nach Box-Jenkins

Die von Box und Jenkins (1970) entwickelten ARIMA-Modell (Mischungen von autoregressiven mit moving-average-Modellen für nichtstationäre Zeitreihen) lassen sich durch saisonale Parameter sowie Differenzen-Operatoren verallgemeinern. Die Technik dieser ARIMA-Modellierung wird im nächsten Kapitel besprochen.

8. Saisonbereinigung als Filter-Design-Problem

Mit der Konstruktion geeigneter Filter zur Saisonbereinigung haben sich besonders B. Schips und W. Stier auseinandergesetzt. Diese Techniken sind fortgeschrittener Natur und erfordern Vertrautheit im Umgang mit Analysen im Frequenzbereich. Vgl. hierzu Schips-Stier (1974) und Stier (1980).

Weiterführende Literatur

Nullau-Heiler-Wäsch-Meisner-Filip (1969)
Karr (1973)
Kendall (1976)
Creutz (1979)
Stier (1980)
Nourney (1983)
Engle-Granger (1987)
Hamilton (1994)
Soyka (1996)

Übungsaufgaben

3.1. Beschreiben Sie das Phasendurchschnittsverfahren.

3.2. Benennen Sie einige Ihnen bekannte Verfahren zur Saisonbereinigung und gegebenenfalls Institutionen, die derartige Verfahren einsetzen.

4. Kapitel

Grundkonzepte des ARIMA-Ansatzes

4.1. Einführung

Die mathematische Statistik wurde ungefähr ab dem Jahre 1940 revolutioniert, als der Begriff der Zufallsvariablen erweitert wurde durch die stochastischen Prozesse, die nach G. Menges als Familien von Zufallsvariablen bezeichnet werden können. Es hat einige Zeit gedauert, bis diese Konzepte Eingang in die Zeitreihenanalyse gefunden haben, so daß man hinfort von der modernen Zeitreihenanalyse sprechen kann.

Das Erscheinen des Buches von G.E.P. Box und G.M. Jenkins im Jahre 1970 kann als weiterer Meilenstein für die Entwicklung dieser Disziplin angesehen werden. Seither hat sich die Diskussion im Bereich der Zeitreihenanalyse wieder stärker dem Modellbau zugewendet, dem auch in der Ökonometrie eine tragende Rolle zukommt.

Das klassische Modell der Zerlegung einer Zeitreihe in ihre Komponenten hat nun ausgedient. An seine Stelle treten Gruppen stochastischer Modelle, die als Bauteile komplizierterer Modelle eingesetzt werden können. Entgegen den ursprünglichen Beteuerungen dieser beiden Autoren, daß sich ihre Modelle allein im Zeitbereich verstehen lassen, erfordert eine genauere Untersuchungen ihrer Modelleigenschaften eine stärkere Hinwendung zum Frequenzbereich.

Wir beginnen mit der Darstellung elementarer Begriffe, aus denen sich die gewünschten Beziehungen herleiten lassen.

4.2. Annahmen

Viele der modernen Methoden der Zeitreihenanalyse basieren auf sogenannten *white-noise-Prozessen*. Unter einem white-noise-Prozeß versteht man eine Reihe von Zufallsvariablen mit zeitstabilem Erwartungswert und zeitstabiler Varianz. Die Zufallsvariablen seien unkorreliert.

White-noise-Prozesse sind eine Spezialisierung des allgemeineren Begriffs der identisch und unabhängig verteilten Zufallsvariablen, also der i. i. d. - Zufallsvariablen (die Abkürzung steht für die englische Bezeichnung identically and independently distributed random variables). Die Identität beschränkt sich nämlich nur auf die ersten beiden Momente dieser Zufallsvariablen und statt der Unabhängigkeit der Verteilungen genügt, daß der Korrelationskoeffizient zwischen zwei beliebigen Zufallsvariablen dieser Familie stets gleich Null ist. Die Korrelation zwischen Zufallsvariablen, die sich nur durch ihren Zeitindex unterscheiden, nennt man *Autokorrelation*. Zufallsvariablen, die demselben white-noise-Prozeß angehören, sind demnach nicht autokorreliert.

Aus dieser Sicht stellen die white noise-Prozesse eine für die Bedürfnisse der Praxis konzipierte bedeutende Vereinfachung des harten Konzepts der i. i. d. - Zufallsvariablen dar, das mit einer großen Entfernung zur Praxis von Wahrscheinlichkeitstheoretikern entwickelt wurde.

Ein white-noise-Prozeß besteht aus einer Menge $\{a_t\}_{t\in T}$ von Zufallsvariablen a_t , wobei T (man verwendet auch T_B für Beobachtungszeitraum) die Indexmenge des Zeitindexes t darstellt.

Für den Erwartungswert dieser Zufallsvariablen gilt demnach

(4.1) $$E(a_t) = \mu_a \qquad \text{für alle } t \in T.$$

Im einfachsten Fall nimmt der Erwartungswert den Wert Null an.

Für die Varianz dieser Zufallsvariablen gilt weiter

(4.2) $$V(a_t) = \sigma_a^2 \qquad \text{für alle } t \in T,$$

wobei dies eine endliche Konstante sein soll.

Für die Kovarianzen der Zufallsvariablen zu verschiedenen Zeitpunkten gilt dann

$$\text{(4.3)} \qquad \mathrm{Cov}(a_s, a_t) = \gamma_a(s, t) = 0 \qquad \text{für alle } s, t \in T \text{ mit } s \neq t,$$

d.h. Zufallsvariablen verschiedener Perioden sind nicht autokorreliert, da man aus Gleichung (4.3) durch Division mit den (identischen) Standardabweichungen der beiden Zufallsvariablen den Autokorrelationskoeffizienten

$$\rho_a(s, t) = \frac{\gamma_a(s, t)}{\sigma_a^2} = 0 \qquad \text{für alle } s, t \in T \text{ mit } s \neq t$$

erhält.

Die Bezeichnung white noise stammt aus der Akustik, wo man darunter ein gleichförmiges Störgeräusch versteht, an dem alle Frequenzen beteiligt sind, ohne daß bestimmte Frequenzen dominieren bzw. dominiert werden. Entsprechend setzt sich in der Optik das weiße Licht aus den Frequenzbeiträgen aller Farben zusammen.

4.3. Lineare zeitinvariante Filter

Wie schon in den bisherigen Kapiteln angedeutet wurde, können viele Operationen der Zeitreihenanalyse als Filtertechniken interpretiert werden.

Das Konzept des Filters wurde aus der Nachrichtentechnik übernommen. Der Grundgedanke besteht darin, daß ein gesendetes Signal bei der Übermittlung Störeinflüssen ausgesetzt ist und somit nur geräuschbehaftet empfangen werden kann. Die Übermittlung wird auch als Transformation angesehen, deren Input das Signal und deren Output die empfangene Information sind.

Allgemein läßt sich ein *Filter* F verstehen als eine Transformation, die eine Inputreihe $\{x_t\}_{t\in T}$ in eine Outputreihe $\{y_t\}_{t\in T}$ überführt.

Man kann sich einen Filter F vorstellen als eine *black box*, von der wir wissen, was in sie hineingelangt (Input) und dann aus ihr herauskommt (Output), ohne zu wissen, was mit dem Input in ihr geschieht. Das erinnert einige Leser vielleicht an Erfahrungen mit Computern und insbesondere fremden Computerprogrammen.

Algebraisch läßt sich der beschriebene Sachverhalt darstellen mit dem Begriff der Funktion. Es ist

(4.4) $$y_t = F(x_t) \qquad \text{für alle } t \in T,$$

d.h. die Outputvariable y_t ist eine (nicht näher definierte) Funktion F der Inputvariablen x_t . x_t ist hierbei das Argument (Urbild) der Funktion F, während y_t der Wert (das Bild) der Funktion F ist.

Die Klasse der zur Verfügung stehenden Funktionen wird nun durch zusätzliche Annahmen eingeschränkt auf einige praktikable Funktionen.

Ein Filter ist *linear*,

i) wenn für eine beliebige Konstante α gilt, daß

   (4.5) $$F(\alpha \cdot x_t) = \alpha \cdot y_t \qquad \text{für alle } t \in T,$$

   d.h. eine Vervielfachung (z.B. eine Verdopplung) der Inputvariablen in gleicher Weise zu einer Vervielfachung der Outputvariablen führt, und

ii) wenn für die Inputvariablen $x_{1,t}$ (mit zugehöriger Outputvariablen $y_{1,t}$) und $x_{2,t}$ (mit zugehöriger Outputvariablen $y_{2,t}$) gilt, daß

   (4.6) $$F(x_{1,t} + x_{2,t}) = y_{1,t} + y_{2,t} \qquad \text{für alle } t \in T.$$

Die letzgenannte Eigenschaft bedeutet, daß ein linearer Filter so beschaffen ist, daß die Summierung der Inputs zur Folge hat, daß auch die Outputs summiert werden.

Eine weitere Einschränkung der Klasse der betrachteten Filter erfolgt durch die nachfolgende Forderung nach Zeitinvarianz.

Um die Zeitinvarianz des Filters zu demonstrieren, betrachten wir den mittelwertbereinigten Outputwert der Vorperiode und erhalten jetzt

$$(4.11) \qquad \tilde{z}_{t-1} = a_{t-1} + \psi_1 \cdot a_{t-2} + \psi_2 \cdot a_{t-3} + \dots .$$

Man kann die Beziehung (4.9) auch als *kausales System* beschreiben, da eine Abhängigkeit nur von vergangenen und gegenwärtigen Werten existiert und zukünftige Inputwerte das Gewicht Null erhalten und damit keinen Erklärungsgehalt haben.

4.5. Die autoregressive Darstellung eines Filters

In der zweiten Darstellungsform eines linearen zeitinvarianten Filters F, der *autoregressiven Darstellung*, gilt

$$(4.12) \qquad \tilde{z}_t = a_t + \pi_1 \cdot \tilde{z}_{t-1} + \pi_2 \cdot \tilde{z}_{t-2} + \dots ,$$

d.h. der gegenwärtige mittelwertbereinigte Outputwert ist eine lineare Funktion früherer mittelwertbereinigter Outputwerte zuzüglich des gegenwärtigen Inputterms, der als additive Störung interpretiert werden kann.

Für die Gleichung (4.12) kann man auch schreiben

$$(4.13) \qquad \tilde{z}_t = a_t + \sum_{\tau=1}^{\infty} \pi_\tau \cdot \tilde{z}_{t-\tau} .$$

Auch hier läßt sich durch Verschieben um eine Periode die Zeitinvarianz demonstrieren, denn wir erhalten

$$(4.14) \qquad \tilde{z}_{t-1} = a_{t-1} + \pi_1 \cdot \tilde{z}_{t-2} + \pi_2 \cdot \tilde{z}_{t-3} + \dots .$$

Um die moving-average-Darstellung mit der autoregressiven Darstellung desselben Filters vergleichen zu können, sind Verschiebungen erforderlich, wobei man auf das Konzept der Lag-Operatoren zurückgreifen kann.

4.6. Lag-Operatoren

Der *Lag-Operator* (engl.: backward shift operator) B bewirkt die Verschiebung der zum Zeitpunkt t betrachteten Variablen in die Vorperiode. Für die von uns untersuchten Variablen gilt dann etwa für den mittelwertbereinigten Output

(4.15) $$B \cdot \tilde{z}_t = \tilde{z}_{t-1}$$

und ebenso für den Input

(4.16) $$B \cdot a_t = a_{t-1} \, .$$

Eine n-fache Verschiebung bewirkt

(4.17) $$B^n \cdot \tilde{z}_t = \tilde{z}_{t-n}$$

sowie

(4.18) $$B^n \cdot a_t = a_{t-n} \, .$$

Wir können somit für Gleichung (4.11) schreiben

(4.19) $$B \cdot \tilde{z}_t = B \cdot a_t + \psi_1 \cdot B \cdot a_{t-1} + \psi_2 \cdot B \cdot a_{t-2} + \dots$$

mithin

(4.20) $$B \cdot \tilde{z}_t = B \cdot (a_t + \psi_1 \cdot a_{t-1} + \psi_2 \cdot a_{t-2} + \dots),$$

woraus man nach Division mit B wieder Gleichung (4.9) erhält.

Hiermit wurde zugleich gezeigt, daß der Lag-Operator B ein linearer Operator ist (vgl. hierzu auch Dhrymes (1971), Chapter 2).

Der Lag-Operator B gehorcht dem *Exponentialgesetz*

(4.21) $$B^{m+n} = B^m \cdot B^n$$

wie man sich etwa mittels der Inputvariablen verdeutlichen kann:

(4.22) $$a_{t-(m+n)} = B^{m+n} \cdot a_t = B^m \cdot (B^n \cdot a_t) = B^m \cdot a_{t-n} = a_{t-n-m} \,.$$

Mit dem Lag-Operator B und seinen Potenzen B^0, B^1, B^2, ... lassen sich somit aus einer Variablen alle Werte der Gegenwart und der Vergangenheit gewinnen. B^0 ist der *Identitätsoperator* mit $B^0 = 1$, d.h. es gilt etwa

(4.23) $$B^0 \cdot a_t = a_t$$

bzw.

(4.24) $$B^0 \cdot \tilde{z}_t = \tilde{z}_t \,.$$

Mit dem *Lag-Operator-Polynom*

(4.25) $$\Psi(B) = \psi_0 \cdot B^0 + \psi_1 \cdot B^1 + \psi_2 \cdot B^2 + \ldots$$

$$= \sum_{\tau=0}^{\infty} \psi_\tau \cdot B^\tau \qquad \text{mit } \psi_0 = 1 \text{ und } B^0 = 1$$

können wir die moving-average-Darstellung (4.9) des linearen zeitinvarianten Filters F auch schreiben als

(4.26) $$\tilde{z}_t = a_t \cdot \Psi(B) \,,$$

wobei $\Psi(B)$ andeutet, daß das Lag-Operator-Polynom eine Funktion von B ist.

Für die autoregressive Darstellung (4.12) des linearen zeitinvarianten Filters F können wir mit dem Lag-Operator-Polynom

(4.27) $$\pi(B) = 1 - \pi_1 \cdot B^1 - \pi_2 \cdot B^2 - \dots$$

$$= 1 - \sum_{\tau=1}^{\infty} \pi_\tau \cdot B^\tau$$

läßt sich die autoregressive Darstellung des Filters F schreiben als

(4.28) $$\tilde{z}_t \cdot \pi(B) = a_t .$$

Einsetzen von (4.26) in (4.28) ergibt

(4.29) $$a_t \cdot \Psi(B) \cdot \pi(B) = a_t ,$$

woraus wegen

(4.30) $$\Psi(B) \cdot \pi(B) = 1$$

dann folgt, daß

(4.31) $$\pi(B) = \Psi^{-1}(B) .$$

Das Lag-Operator-Polynom $\pi(B)$ ist somit die Inverse des Lag-Operator-Polynoms $\Psi(B)$. Damit ist zunächst einmal gezeigt, daß, sofern die Inverse existiert, die moving-average-Darstellung in die autoregressive Darstellung des linearen zeitinvarianten Filters F überführt werden kann. Mit diesen beiden Darstellungen lassen sich demnach zwei Perspektiven desselben Sachverhalts erarbeiten.

Genau besehen, ist die moving-average-Darstellung in der Form (4.9) schon eine Spezialisierung des linearen zeitinvarianten Filters F.

Allgemein ist ein linearer zeitinvarianter Filter F mit Inputprozeß $\{x_t\}$, Outputprozeß $\{y_t\}$ und Filtergewichten $g_\tau^{(F)}$ definiert durch

(4.32) $$y_t = \sum_{\tau=-\infty}^{\infty} g_\tau^{(F)} \cdot x_{t-\tau} ,$$

d.h. es ist durchaus zulässig, daß Inputwerte, deren Zeitindex weiter fortgeschritten ist als der Zeitindex des Outputwertes, von Null verschiedene Gewichte erhalten. Dann kann man das System natürlich nicht mehr als kausal bezeichnen, da diese in der Zeitreihenanalyse verwendete Form der Kausalität nur die Abhängigkeit von Vergangenheitswerten impliziert. In diesem Zusammenhang sei an die gleitenden Durchschnitte erinnert, bei denen der geglättete Wert aus einer Gewichtung der den zugehörigen Beobachtungswert umgebenden „zukünftigen" und „vergangenen" Beobachtungswerte hervorgeht. Das kann nur im mittleren Bereich der Zeitreihe funktionieren, wenn die Beobachtungswerte mit fortgeschrittenem Zeitindex zur Verfügung stehen. Es funktioniert nicht am aktuellen Rand, wo man symmetrische Filter durch kausale Filter ersetzen muß.

4.7. Komplexe Zahlen

Das Verständnis der modernen Zeitreihenanalyse erfordert Kenntnisse auf dem Gebiet der komplexen Zahlen. In diesem Abschnitt sollen grundlegende Zusammenhänge in Erinnerung gebracht werden, auf denen sodann aufgebaut werden kann.

Unter der *algebraischen Schreibweise* einer komplexen Zahl x versteht man

(4.33) $$x = \alpha + i\,\beta ,$$

wobei α als *Realteil* der komplexen Zahl x und β als *Imaginärteil* der komplexen Zahl x bezeichnet werden. Die imaginäre Einheit i ist definiert über ihr Quadrat, denn es gilt $i^2 = -1$.

Dargestellt wird die komplexe Zahl x in einem Koordinatensystem, auf dessen horizontaler Achse der Realteil und auf dessen vertikaler Achse der Imaginärteil abgetragen werden. Realteil und Imaginärteil sind demnach die Koordinaten der komplexen Zahl x, d.h. die komplexe Zahl x ist vorstellbar als ein Punkt P in dieser imaginären Ebene mit den Koordinaten (α, β).

Ist der Imaginärteil $\beta = 0$, so ist $x = \alpha$ eine reelle Zahl, d.h. das Konzept der reellen Zahlen sind vorstellbar als Spezialfall des Konzepts der komplexen Zahl. Wie die reelle Zahlenachse sich als Vielfaches des Einheitsintervalls [0 ; 1] vorstellen läßt, kann die imaginäre Zahlenachse als Vielfaches des Intervalls [0 ; i] konstruiert werden.

Zur Bestimmung der komplexen Zahl x kann man die *Polarkoordinaten* des Punkte P verwenden, die mit r und φ angegeben werden können. Hierbei ist r der (absolute) *Betrag* der komplexen Zahl x, der definiert ist mit

(4.34) $$r = |x| = (\alpha^2 + \beta^2)^{1/2},$$

d.h. der Betrag von x ergibt sich als Wurzel aus der Summe der Quadrate der Koordinaten.

φ ist der Arkustangens von β/α, denn wir erhalten für den im Ursprung gebildeten Winkel des Punktes P mit der Abszisse für den Tangens dieses Winkels

(4.35) $$\operatorname{tg} \varphi = \frac{\beta}{\alpha}$$

in dem durch den Punkt P mit dem Ursprung gebildeten rechtwinkligen Dreieck mit der Gegenkathete β, der Ankathete α und der Hypothenuse r.

Die Polarkoordinaten erlauben uns, den Punkt P auf einem Kreis um den Ursprung mit Radius r zu finden, wenn wir uns vom Ursprung weg bewegen auf einem Strahl mit der Steigung des Winkels φ.

In der *trigonometrischen Schreibweise* ist die komplexe Zahl x darstellbar als

(4.36) $$x = r \cdot (\cos\varphi + i \cdot \sin\varphi)\,,$$

denn in dem gerade beschriebenen Dreieck gilt für den Kosinus des Winkels φ, daß $\cos\varphi = \alpha/r$ und für den Sinus des Winkels φ, daß $\sin\varphi = \beta/r$.

Schließlich läßt sich die komplexe Zahl x noch in der *Exponentialform* schreiben als

(4.37) $$x = r \cdot e^{i \cdot \varphi}\,,$$

was wir mit der Eulerschen Formel für komplexe Zahlen

(4.38) $$e^{i \cdot \varphi} = \cos\varphi + i \cdot \sin\varphi$$

bestätigen können.

Zu der komplexen Zahl x gibt es die konjugiert-komplexe Zahl x*, für die in den verschiedenen Schreibweisen folgende Beziehungen gelten

(4.39) $$x^* = \alpha - i \cdot \beta\,,$$

(4.40) $$x^* = r \cdot (\cos\varphi - i \cdot \sin\varphi)$$

und

(4.41) $$x^* = r \cdot e^{-i \cdot \varphi}\,.$$

Auf der komplexen Ebene ist ein *Einheitskreis* definiert, auf dem alle Punkte liegen, deren Betrag den Wert 1 ergibt.

4.8. Frequenz-Antwort-Funktion und Transferfunktion

Schickt man durch den allgemeinen Typ eines linearen zeitinvarianten Filters F in der Form der Gleichung (4.32) als Input eine komplexe harmonische Schwingung $e^{i\lambda t}$ der (Kreis-)Frequenz λ mit Einheits-amplitude, so erhält man durch die Substitution $e^{i\lambda(t-\tau)}$ für $x_{t-\tau}$ in Gleichung (4.32) nun

$$(4.42) \qquad y_t = \sum_{\tau=-\infty}^{\infty} g_\tau^{(F)} \cdot e^{i\lambda(t-\tau)}$$

$$= e^{i\lambda t} \cdot A_F(\lambda) ,$$

wobei

$$(4.43) \qquad A_F(\lambda) = \sum_{\tau=-\infty}^{\infty} g_\tau^{(F)} \cdot e^{-i\lambda\tau}$$

als *Frequenz-Antwort-Funktion* des Filters F bezeichnet wird.

Aus der komplexen harmonischen Schwingung als Input des Filters F erhält man also durch Multiplikation mit der Frequenz-Antwort-Funktion des Filters den Filteroutput.

Wie man aus Gleichung (4.43) ersehen kann, ist die Frequenz-Antwort-Funktion des Filters F eine komplexwertige Funktion der (Kreis-) Frequenz λ.

Mit der Substitution

$$(4.44) \qquad B = e^{-i\lambda}$$

erhält man mit dem Lag-Operator-Polynom (4.25) die Frequenz-Antwort-Funktion des Filters F, wenn für die Filtergewichte gilt, daß $g_\tau^{(F)} = \psi_\tau$ für $\tau = 0, 1, \ldots$ und $g_\tau^{(F)} = 0$ für negative τ.

Statt B verwendet man in der Beziehung (4.44) auch das Symbol z und spricht dann von der z-Transformierten des Filters F (vgl. Schlittgen-Streitberg (1984), S. 90).

Das Lag-Operator-Polynom $\pi(B)$ der autoregressiven Darstellung läßt sich dann interpretieren als die Frequenz-Antwort-Funktion des zu F inversen Filters F^{-1}, in dem Input und Output des Filters F vertauscht sind.

Bildet man das Betragsquadrat einer komplexwertigen Funktion, so erhält man eine reellwertige Funktion, die sich leichter interpretieren läßt. Das Betragsquadrat einer komplexen Zahl wird gebildet als Produkt dieser Zahl mit ihrer Konjugierten.

Das Betragsquadrat der Frequenz-Antwort-Funktion eines Filters F wird als Transferfunktion bezeichnet. Für die *Transferfunktion* des Filters F gilt demnach

$$(4.45) \qquad T_F(\lambda) = |A_F(\lambda)|^2$$

$$= \left(\sum_{\tau=-\infty}^{\infty} g_\tau^{(F)} \cdot e^{-i\lambda\tau}\right) \cdot \left(\sum_{\tau'=-\infty}^{\infty} g_{\tau'}^{(F)} \cdot e^{i\lambda\tau'}\right).$$

Für das Produkt der beiden Transferfunktionen, die sich aus der moving-average-Darstellung und der autoregressiven Darstellung bilden lassen, gilt

$$(4.46) \qquad |\psi(B)| \cdot |\pi(B)| = 1,$$

denn dies sind die Transferfunktionen von zwei zueinander inversen Filtern. Schickt man einen Input nacheinander durch einen Filter F und sodann durch dessen inversen Filter F^{-1} , so erhält man als Output des letzteren wieder diesen Input. Beide zusammen können sozusagen als ein Gesamtfilter interpretiert werden, der den Input nicht verändert. Die Transferfunktion kann also veranschaulichen, wie der Input durch den Filter transformiert wird.

4.9. Schwache Stationarität des Inputprozesses

Die Zufallsvariablen x_t eines univariaten stochastischen Input-Prozesses $\{x_t\}_{t\in T}$ sind *schwach stationär*, wenn für alle t, $\tau \in T$ gilt

(4.47) $$E(x_t) = \mu_x ,$$

(4.48) $$V(x_t) = E[(x_t - \mu)^2] = \sigma_x^2$$

und

(4.49) $$Cov(x_t , x_{t+\tau}) = E[(x_t - \mu_x)(x_{t+\tau} - \mu_x)] = \gamma_x (\tau) ,$$

d.h. wenn der Erwartungswert dieser Zufallsvariablen eine von der Zeit unabhängige endliche Konstante ist, die Varianz dieser Zufallsvariablen eine weitere zeitstabile Konstante ist und die Autokovarianz unabhängig von der historischen Zeit und lediglich eine Funktion der zeitlichen Verschiebung um τ Perioden ist. Die Autokovarianzen sollen endliche Konstanten sein, was impliziert, daß die Varianz endlich ist.

Wir bemerken, daß der white-noise-Prozeß das einfachstes Beispiel eines schwach stationären Prozesses ist.

4.10. Auswirkungen auf den Outputprozeß

Die Zufallsvariable y_t des Outputprozesses sei eine lineare Funktion der Zufallsvariablen des schwach stationären Inputprozesses x_t mit

(4.50) $$y_t = \alpha_0 x_t + \alpha_1 x_{t-1} + ... + \alpha_n x_{t-n}$$

mit den soeben angegebenen Eigenschaften. Dann erhalten wir als Erwartungswert $E(y_t) = \mu_y$ der Zufallsvariablen des Outputprozesses

$$E(y_t) = E\left(\sum_{\tau=0}^{n} \alpha_\tau x_{t-\tau}\right) = \sum_{\tau=0}^{n} E(\alpha_\tau x_{t-\tau})$$

$$= \sum_{\tau=0}^{n} \alpha_\tau E(x_{t-\tau}) = \sum_{\tau=0}^{n} \alpha_\tau \mu_x ,$$

so daß

$$\mu_y = \mu_x \sum_{\tau=0}^{n} \alpha_\tau , \tag{4.51}$$

denn bekanntlich sind der Erwartungswert E und die Summe Σ ebenfalls lineare Operatoren, die vertauscht werden dürfen und multiplikative Konstanten lassen sich vor die Summe ziehen.

Die Beziehung (4.51) liefert uns die Erkenntnis, daß sich der Erwartungswert der Outputvariablen ergibt aus dem Erwartungswert der Inputvariablen, wenn dieser mit der Summe der Gewichte multipliziert wird. Da letztere endlich ist, existiert unter den getroffenen Annahmen der Erwartungswert der Outputvariablen. Ist der Erwartungswert der Inputvariablen Null, so folgt aus der Beziehung (4.51), daß dann auch der Erwartungswert der Outputvariablen Null ist.

Weiter erhalten wir für die Varianz der Outputvariablen $V(y_t) = \sigma_y^2$, daß

$$V(y_t) = E[(y_t - \mu_y)^2] = E\{[\sum_{\tau=0}^{n} \alpha_\tau (x_{t-\tau} - \mu_x]^2\}$$

$$= E\{[\sum_{\tau=0}^{n} \alpha_\tau (x_{t-\tau} - \mu_x)] [\sum_{\tau'=0}^{n} \alpha_{\tau'} (x_{t-\tau'} - \mu_x)]\} ,$$

so daß

$$\sigma_y^2 = \sum_{\tau=0}^{n} \sum_{\tau'=0}^{n} \alpha_\tau \alpha_{\tau'} \gamma_x(|\tau-\tau'|). \tag{4.52}$$

Unter den vorliegenden Bedingungen ist somit auch die Varianz der Outputvariablen eine endliche Konstante.

Analog zu (4.52) entwickeln wir die Autokovarianz der Outputvariablen

$$\mathrm{Cov}(y_t, y_{t+k}) = \gamma_y(|k|) = E[(y_t - \mu_y)(y_{t+k} - \mu_y)]$$

$$= E\{[\sum_{\tau=0}^{n} \alpha_\tau (x_{t-\tau} - \mu_x)] [\sum_{\tau'=0}^{n} \alpha_{\tau'}(x_{t+k-\tau'} - \mu_x)]\},$$

so daß

$$\gamma_y(|k|) = \sum_{\tau=0}^{n} \sum_{\tau'=0}^{n} \alpha_\tau \alpha_{\tau'} \gamma_x(|\tau-\tau'+k|). \tag{4.53}$$

Damit wurde gezeigt, daß auch die Autokovarianz der Outputvariablen von der historischen Zeit t unabhängig ist. Außerdem ist anzumerken, daß wir für k = 0 aus der Beziehung (4.53) die Beziehung (4.52) gewinnen können.

Mit diesen Herleitungen wurde bewiesen, daß ein stochastischer (Output-)Prozeß, dessen Zufallsvariablen eine lineare Funktion der Zufallsvariablen eines stochastischen (Input-)Prozesses sind, die Eigenschaft der schwachen Stationarität von letzterem übernimmt. In unserem Falle können wir davon ausgehen, daß die in (4.53) verwendete Doppelsumme der Gewichte existiert. Insgesamt ist dieses ein für die moderne Zeitreihenanalyse recht wichtiges Ergebnis.

4.11. Nutzung für die moving-average-Darstellung

Wenn wir die Ergebnisse des vorangegangenen Abschnitts für die moving-average-Darstellung nutzen wollen, gelangen wir zu den folgenden Erkenntnissen.

In der moving-average-Darstellung eines linearen zeitinvarianten Filters F mit white-noise-Input-Variablen a_t liefert die Beziehung (4.51) für den Erwartungswert der mittelwertbereinigten Output-Variablen direkt

$$(4.54) \qquad E(\tilde{z}_t) = \mu_a \sum_{\tau=0}^{\infty} \psi_\tau = 0 ,$$

da annahmegemäß $\mu_a = 0$.

Für die Varianz des mittelwertbereinigten Outputs gewinnen wir aus der Beziehung (4.52) direkt

$$(4.55) \qquad V(\tilde{z}_t) = \sigma_a^2 \sum_{\tau=0}^{\infty} \psi_\tau^2 \qquad (\text{mit } \psi_0 = 1),$$

da alle anderen Ausdrücke in der Doppelsumme infolge der Unkorreliertheit der Inputvariablen verschwinden.

Dies ist der bekannte Fall, daß die Varianz einer gewogenen Summe von identisch verteilten und unkorrelierten Zufallsvariablen sich reduziert auf die Varianz dieser Zufallsvariablen, die mit der Summe der Quadrate der Gewichte zu multiplizieren ist. Aufgrund dieser Annahmen verschwinden naturgemäß sämtliche Kovarianzausdrücke. Natürlich gilt dieses Ergebnis auch für die gewogene Summe von i.i.d.-Zufallsvariablen, denn die Unabhängigkeit impliziert stets die Unkorreliertheit (eine einseitige Implikation, d.h. sie läßt sich nicht umkehren).

Schließlich können wir aus der Beziehung (4.53) direkt herleiten, daß für die Autokovarianz k-ter Ordnung der mittelwertbereinigten Output-Variablen gilt

$$(4.56) \qquad Cov(\tilde{z}_t, \tilde{z}_{t+k}) = \sigma_a^2 \sum_{\tau=0}^{\infty} \psi_\tau \psi_{\tau+k} ,$$

denn wieder verschwinden alle (Kovarianz-)Ausdrücke in der Doppelsumme von Beziehung (4.53), für die gilt, daß $\tau' \neq \tau + k$. Die für $\tau' = \tau + k$ verbleibenden Varianzen σ_a^2 dürfen als multiplikative Konstanten vor die Summe gezogen werden.

Auch hier läßt sich anmerken, daß die Beziehung (4.56) eine bedeutende Vereinfachung der Beziehung (4.53) darstellt und natürlich als Ergebnis für die gewogene Summe von i.i.d.-Zufallsvariablen übernommen werden kann.

4.12. Das ARMA-Modell

Ein Zeitreihenmodell der Form

$$(4.57) \qquad \tilde{z}_t = \phi_1 \tilde{z}_{t-1} + \ldots + \phi_p \tilde{z}_{t-p} + a_t - \theta_1 a_{t-1} - \ldots - \theta_q a_{t-q}$$

heißt *ARMA(p, q)-Modell.* Es besitzt p autoregressive Parameter ϕ_1, ..., ϕ_p und q moving-average-Parameter θ_1, ..., θ_q. Dieses Modell ist eine Mischung aus einer Autoregression p-ter Ordnung des mittelwertbereinigten Outputs mit einem moving-average-Prozeß des white-noise-Inputs.

p gibt also an, bis zu welcher zeitlichen Verzögerung (dem *lag*) mittelwertbereinigte Outputs als Einflußgrößen des gegenwärtigen mittelwertbereinigten Outputs berücksichtigt werden. q gibt an, aus wieviel verzögerten Inputwerten ein moving average berechnet wird. Der entscheidende Unterschied der moving-average-Technik zur Technik der mit ihnen verwandten gleitenden Durchschnitte besteht darin, daß bei der Technik der gleitenden Durchschnitte die Gewichte a priori vorgegeben sind. Der Wert der Daten hat hierbei keinen Einfluß auf die Größe der Gewichte. Die Technik der moving averages, die für die ARMA-Modelle eingesetzt wird, überläßt dagegen die Bestimmung der Gewichte einem Schätzprozeß, in dem die Daten einen entscheidenden Einfluß ausüben.

Mittels des Lag-Operator-Polynoms p-ter Ordnung

(4.58) $\Phi(B) = 1 - \phi_1 B - \ldots - \phi_p B^p$

und des Lag-Operator-Polynoms q-ter Ordnung

(4.59) $\Theta(B) = 1 - \theta_1 B - \ldots - \theta_q B^q$

können wir für das ARMA(p, q)-Modell (4.57) auch schreiben

(4.60) $\Phi(B) \cdot z_t = \Theta(B) \cdot a_t$.

Zur Untersuchung trendbehafteter Zeitreihen empfehlen Box und Jenkins (1970) Zeitreihenmodelle der Form

(4.61) $\Phi(B)\, \Delta^d z_t = \Theta(B)\, a_t$,

die als *ARIMA(p, d, q)-Modelle* bezeichnet werden. Hierbei ist

(4.62) $\Delta = 1 - B$

der *Differenzenoperator*, der d-fach auf die mittelwertbereinigte Outputreihe angewendet wird, um vorhandene Trends zu eliminieren. So ist

(4.63) $\Delta \tilde{z}_t = (1 - B)\, \tilde{z}_t = \tilde{z}_t - \tilde{z}_{t-1}$

und

(4.64) $\Delta^2 \tilde{z}_t = (1 - B)^2\, \tilde{z}_t = (1 - 2B + B^2)\, \tilde{z}_t$

$= \tilde{z}_t - 2\, \tilde{z}_{t-1} + \tilde{z}_{t-2}$

und entsprechend

$$\Delta^d \tilde{z}_t = (1 - B)^d \tilde{z}_t \tag{4.65}$$

$$= \sum_{k=0}^{d} (-1)^k \binom{d}{k} B^k \tilde{z}_t$$

$$= \sum_{k=0}^{d} (-1)^k \binom{d}{k} \tilde{z}_{t-k} \,.$$

Der Buchstabe I in ARIMA , der nach Vorstellung der Autoren für „integrated“ steht, entstammt der Überlegung, daß man in stetigen Prozessen die Differentiation durch eine Integration rückgängig machen kann und in diskreten Prozessen die Differenz bei umgekehrter Sichtweise in eine Summe umwandelt. Dahinter steht der schon von Eugen Slutzky (1937) verwendete Gedanke, daß man nicht nur einen empirischen Prozeß durch geeignete Filterung in einen white-noise-Prozeß überführen kann, sondern daß es umgekehrt auch möglich sein muß, mittels eines white-noise-Prozesses und geeigneter Filter empirische Prozesse gewissermaßen synthetisch zu imitieren, also mit inversen Filtern zu arbeiten.

Für d = 0 erhalten wir aus dem ARIMA(p, d, q)-Modell wieder das ARMA(p, q)-Modell.

Weiterführende Literatur

Box-Jenkins (1970)
Chatfield (1975)
Anderson (1976)
Mohr (1976a)
Mohr (1976b)

5. Kapitel

Autoregressive Modelle

Autoregressive Modelle werden in der Ökonomie oft im Modellbau eingesetzt. In der Ökonometrie wurden schon sehr früh die Auswirkungen verzögerter endogener Variablen diskutiert.

5.1. Das AR(p)-Modell

Für das *autoregressive Modell p-ter Ordnung*

$$(5.1) \qquad \tilde{z}_t = \phi_1 \tilde{z}_{t-1} + \ldots + \phi_p \tilde{z}_{t-p} + a_t$$

können wir mittels des Lag-Operator-Polynoms p-ter Ordnung (4.58) schreiben

$$(5.2) \qquad \Phi(B) \tilde{z}_t = a_t .$$

Man kann autoregressive Modelle als Modelle mit Gedächtnis charakterisieren.

So bleibt im AR(1)-Modell

$$(5.3) \qquad \tilde{z}_t = \phi \tilde{z}_{t-1} + a_t ,$$

das auch als Markoff-Modell bezeichnet werden kann, der Wert des mittelwertbereinigten Outputs der Vorperiode als Erklärungsgröße erhalten, während alle früheren mittelbereinigten Outputwerte direkt keinen Einfluß auf den mittelwertbereinigten Output der derzeitigen Periode t ausüben. ϕ ist der einzige Parameter dieses einfachen

Modells. Das AR(1)-Modell besitzt gewissermaßen ein nur recht kurzes Gedächtnis.

Impulsartige Veränderungen des Inputs werden demnach in einem AR(p)-Modell um so länger im Output nachwirken, je länger das Gedächtnis, d.h. je höher die Ordnung p des autoregressiven Modells ist. Dabei können je nach Größe und Vorzeichen der Parameter der Autoregression Kompensationseffekte auftreten, die zu Oszillationen führen können (vgl. hierzu Bennett (1979), S. 41).

5.2. Beispiele

In Tabelle 5.1 sind für die folgenden AR(1)- und AR(2)-Modelle A, B und C die Reaktionen auf einen einmaligen Impuls in Höhe einer Einheit in der Periode 2 aufgezeigt:

(A) $\tilde{z}_t = 0{,}4\, \tilde{z}_{t-1} + a_t$

(B) $\tilde{z}_t = 0{,}4\, \tilde{z}_{t-1} - 0{,}3\, \tilde{z}_{t-2} + a_t$

(C) $\tilde{z}_t = 0{,}4\, \tilde{z}_{t-1} + 0{,}3\, \tilde{z}_{t-2} + a_t$.

Tabelle 5.1: Reaktionen von AR(p)-Modellen auf einen Impuls

Periode t	Input a_t	Output (A) AR(1)	Output (B) AR(2)	Output (C) AR(2)
1	0	0	0	0
2	1	1	1	1
3	0	0,4	0,4	0,4
4	0	0,16	-0,14	0,46
5	0	0,064	-0,176	0,304
6	0	0,0256	-0,0284	0,2596
7	0	0,01024	0,04144	0,19504
8	0	0,004096	0,025096	0,155896

Für den AR(1)-Prozeß A stellen wir fest, daß in der Periode 8 der Output fast wieder sein Ausgangsniveau Null erreicht hat. Von Periode 2 bis Periode 8 (und auch danach) sinkt der Output monoton. Auch für den AR(2)-Prozeß B ist in Periode 8 fast wieder das Ausgangsniveau Null erreicht, allerdings in Oszillationen um dieses Niveau. Der AR(2)-Prozeß C verzeichnet in Periode 8 noch einen Output in Höhe von rd. 16% des einmaligen Impulses, wobei in Periode 4 der Output höher war als in Periode 3. Auch für diesen Prozeß zeigt es sich, daß das Ausgangsniveau wieder erreicht wird, allerdings etwas langsamer als in den beiden anderen Prozessen.

5.3. Eigenschaften des AR(1)-Modells

Setzen wir in das AR(1)-Modell (5.3)

$$\tilde{z}_{t-1} = \phi\, \tilde{z}_{t-2} + a_{t-1}$$

ein, so erhalten wir

$$\tilde{z}_t = a_t + \phi \cdot (a_{t-1} + \phi\, \tilde{z}_{t-2}) = a_t + \phi\, a_{t-1} + \phi^2\, \tilde{z}_{t-2}\,. \tag{5.4}$$

Setzt man in (5.4) weiter

$$\tilde{z}_{t-2} = \phi\, \tilde{z}_{t-3} + a_{t-2}$$

ein, entsprechend $\tilde{z}_{t-3}$ usw., so erhält man

$$\tilde{z}_t = a_t + \phi\, a_{t-1} + \phi^2\, a_{t-2} + \ldots\,, \tag{5.5}$$

wobei für $|\phi|<1$ und über alle Grenzen wachsendes τ gilt, daß

$$\lim_{\tau \to \infty} \phi^{\tau} \cdot \tilde{z}_{t-\tau} = 0 .$$

Vergleicht man (5.5) mit der moving-average-Darstellung (4.9), so gilt die Beziehung

$$\psi_{\tau} = \phi^{\tau} \qquad \text{für } \tau = 1, 2, \ldots . \tag{5.6}$$

Mit Beziehung (4.55) erhalten wir als Varianz der mittelwertbereinigten Outputvariablen

$$V(\tilde{z}_t) = \sigma_a^2 \cdot (1 + \phi^2 + \phi^4 + \ldots) . \tag{5.7}$$

Für $|\phi|<1$ dürfen wir für diese unendliche geometrische Reihe schreiben

$$V(\tilde{z}_t) = \sigma_a^2 \cdot \frac{1}{1 - \phi^2} \tag{5.8}$$

Für $|\phi|\geq 1$ wächst die Varianz des mittelwertbereinigten Outputprozesses (5.7) auch für eine endliche Varianz des Inputprozesses über alle Grenzen.

$|\phi| < 1$ ist also die *Stationaritätsbedingung des AR(1)-Modells*, d.h. für einen autoregressiven Prozeß erster Ordnung gilt $-1 < \phi < 1$.

Wie wir bei der Herleitung von (5.5) gesehen haben, läßt sich ein AR(1)-Modell immer in ein moving-average-Modell (und zwar unendlicher Ordnung, also in ein MA(∞)-Modell) umformen. Man spricht hierbei von einer Invertierung des Modells. Somit können wir als weitere Eigenschaft festhalten, daß es für ein AR(1)-Modell *keine Invertierbarkeitsbedingungen* gibt.

5.4. Autokorrelationen des AR(p)-Modells

Zur Herleitung der Autokorrelationen eines AR(p)-Modells multiplizieren wir Gleichung (5.1) mit dem um k Perioden verzögerten mittelwertbereinigte Output und erhalten

$$(5.9)\qquad \tilde{z}_t\,\tilde{z}_{t-k} = \phi_1\,\tilde{z}_{t-1}\,\tilde{z}_{t-k} + \ldots + \phi_p\,\tilde{z}_{t-p}\,\tilde{z}_{t-k} + a_t\,\tilde{z}_{t-k}\,.$$

Für den Erwartungswert des mittelwertbereinigten Outputs gilt, daß

$$(5.10)\qquad E(\tilde{z}_t) = E(z_t - \mu_z) = 0.$$

Weiter ist zu berücksichtigen, daß wegen

$$\text{Cov}(a_t\,,\,\tilde{z}_{t-k}) = E(a_t\cdot\tilde{z}_{t-k}) - \mu_a\cdot E(\tilde{z}_{t-k}) = 0 \qquad \text{für } k > 0$$

gilt, daß

$$(5.11)\qquad E(a_t\cdot\tilde{z}_{t-k}) = 0 \qquad \text{für } k > 0,$$

da Störungen a_t der Periode t auf den (mittelwertbereinigten) Output früherer Perioden keinen Einfluß haben konnten.

Wenn wir daher in (5.9) die Erwartungswerte bestimmen, erhalten wir für die *Autokovarianz k-ter Ordnung* des mittelwertbereinigten Outputs

$$(5.12)\qquad \text{Cov}(\tilde{z}_t\,,\,\tilde{z}_{t-k}) = E(\tilde{z}_t\cdot\tilde{z}_{t-k}) = E[(z_t - \mu_z)\cdot(z_{t-k} - \mu_z)] = \gamma(|k|)\,.$$

Das Argument dieser Autokovarianzfunktion kann als Betrag verstanden werden, da ein Index t+k des mittelwertbereinigten Outputs zum gleichen Ergebnis geführt hätte, d.h. ein lead (Vorauseilen) in Höhe von k Perioden zur gleichen Autokovarianz führt wie ein lag (Verzögerung) in Höhe von k Perioden. Wie die

Entwicklung von (5.12) zeigt, hat der Output die gleiche Autokovarianz wie der mittelwertbereinigte Output.

Unter Berücksichtigung der Beziehungen (5.10) bis (5.12) gewinnen wir aus Gleichung (5.9)

(5.13) $$\gamma(|k|) = \phi_1 \cdot \gamma(|k-1|) + \ldots + \phi_p \cdot \gamma(|k-p|) \qquad \text{für } k>0.$$

Die Eigenschaft der *Translationsinvarianz* besagt für die Varianz, daß die Varianz einer um eine additive Konstante veränderten Zufallsvariablen mit der Varianz der ursprüngliche Zufallsvariablen übereinstimmt. Das bedeutet hier, daß die Varianz des mittelwertbereinigten Outputs mit der Varianz des ursprünglichen Outputs z_t übereinstimmt, für die wir auch $\gamma_z(0)$ schreiben können.

Den Korrelationskoeffizienten von zwei Zufallsvariablen erhalten wir, wenn wir ihre Kovarianz durch das Produkt ihrer Standardabweichungen dividieren. Da die Standardabweichungen der beteiligten Zufallsvariablen identisch sind, erhält man die Autokorrelation als Verhältnis von Autokovarianz zur Varianz. Mithin ist die *Autokorrelation k-ter Ordnung* des mittelwertbereinigten Outputs gegeben durch

(5.14) $$\rho_z(|k|) = \frac{\gamma_z(|k|)}{\sigma_z^2},$$

und ist zugleich wegen der angegebenen Eigenschaften die Autokorrelation k-ter Ordnung des ursprünglichen Outputs des Modells.

Durch Division mit der Varianz des Outputs gewinnen wir somit aus Gleichung (5.13) die Beziehung

(5.15) $$\rho_z(|k|) = \phi_1 \cdot \rho_z(|k-1|) + \ldots, + \phi_p \cdot \rho_z(|k-p|) \qquad \text{für } k > 0.$$

5.5. Die Yule-Walker-Gleichungen

Für die lags k = 1, ..., p läßt sich aus der Beziehung (5.15) folgendes Gleichungssystem entwickeln:

$$
\begin{aligned}
\rho_z(1) &= \phi_1 && + \phi_2 \cdot \rho_z(1) && + \ldots + \phi_p \cdot \rho_z(p-1) \\
\rho_z(2) &= \phi_1 \cdot \rho_z(1) && + \phi_2 && + \ldots + \phi_p \cdot \rho_z(p-2) \\
&\;\;\vdots \\
\rho_z(p) &= \phi_1 \cdot \rho_z(p-1) && + \phi_2 \cdot \rho_z(p-2) && + \ldots + \phi_p \quad .
\end{aligned}
\tag{5.16}
$$

Hierbei wurde berücksichtigt, daß für die Autokorrelation einer Zufallsvariablen mit sich selbst gilt, daß $\rho_z(0) = 1$, da dann im Zähler und im Nenner von (5.14) der gleiche Wert von $\gamma_z(0)$ steht. Außerdem ist zu beachten, daß die Autokorrelationen symmetrisch sind (wie die Autokovarianzen), d.h. es gilt $\rho_z(-k) = \rho_z(k)$.

Mit derartigen Gleichungssystemen haben sich die Statistiker Yule (1927) und Walker (1931) befaßt. Es ist zu bemerken, daß mit den herkömmlichen Regressionsansätzen eine Lösung für Autoregressionen nicht herbeigeführt werden konnte und es lange dauerte, bis sich diese Erkenntnisse in der Ökonometrie durchsetzten.

Formal haben wir damit ein Gleichungssystem von p Gleichungen mit den p Unbekannten ϕ_1 , ..., ϕ_p . In der statistischen Praxis werden die empirischen Autokorrelationen aus den Daten berechnet.

Um dieses Gleichungssystem zu lösen, wollen wir es zuerst mit Hilfe der Matrizenrechnung umformulieren.

In Matrizenschreibweise lauten die Yule-Walker-Gleichungen

$$\rho = R\,\phi\,, \tag{5.17}$$

wobei

$$\rho = \begin{bmatrix} \rho_z(1) \\ \rho_z(2) \\ . \\ . \\ \rho_z(p) \end{bmatrix}, \quad R = \begin{bmatrix} 1 & \rho_z(1) & \dots & \rho_z(p-1) \\ \rho_z(1) & 1 & \dots & \rho_z(p-2) \\ . & & & . \\ . & & & \\ . & . & & . \\ \rho_z(p-1) & \rho_z(p-2) & \dots & 1 \end{bmatrix} \quad \text{und} \quad \phi = \begin{bmatrix} \phi_1 \\ \phi_2 \\ . \\ . \\ . \\ \phi_p \end{bmatrix}.$$

Ist die Determinante der Matrix R von Null verschieden, so existiert die Inverse R^{-1} dieser Matrix und die Lösung des Gleichungssystems (5.17) lautet

$$(5.18) \qquad \phi = R^{-1}\,\rho\,.$$

Für das <u>AR(1)-Modell</u>

$$(5.3) \qquad \tilde{z}_t = \phi\,\tilde{z}_{t-1} + a_t$$

erhält man (analog zur Herleitung von (5.15) über (5.9)) für die Autokorrelation k-ter Ordnung die Beziehung

$$(5.19) \qquad \rho(|k|) = \phi \cdot \rho(|k-1|) \text{ für } k > 0.$$

Dies ist eine *homogene Differenzengleichung erster Ordnung*. Aus ihr erhalten wir für k = 1

$$(5.20) \qquad \rho_z(1) = \phi \cdot \rho_z(0) = \phi\,,$$

da $\rho_z(0) = 1$.

Somit ist für das AR(1)-Modell als Schätzung des Autoregressionsparameters ϕ die Autokorrelation erster Ordnung $\rho_z(1)$ zu verwenden, die ihrerseits aus den Beobachtungen der Zeitreihe geschätzt werden kann. Dann gilt

$$\hat{\phi} = r_z(1),$$

wenn $r_z(1)$ der empirische Autokorrelationskoeffizient erster Ordnung ist.

Für das AR(1)-Modell degeneriert das Matrizenprodukt (5.17) zum Skalarprodukt

$$\rho_z(1) = 1 \cdot \phi ,$$

da von den Vektoren in (5.17) nur jeweils das oberste Element verbleibt, während die Matrix R auf das Element 1 in der linken oberen Ecke schrumpft.

Setzt man in die homogene Differenzengleichung erster Ordnung (5.19) den Wert $k = 2$ ein, so erhält man

$$\rho_z(2) = \phi \cdot \rho_z(1)$$

und durch Einsetzen von (5.20) für $\rho_z(1)$

$$\rho_z(2) = \phi^2 .$$

Allgemein erhält man aus der Rekursionsformel (5.19) mit der Startbedingung $\rho_z(0) = 1$ somit als Lösung der homogenen Differenzengleichung erster Ordnung unseres AR(1)-Modells für $k > 0$

$$\rho_z(k) = \phi^k , \tag{5.21}$$

d.h. die Autokorrelation k-ter Ordnung ist gleich der k-ten Potenz des Autoregressionskoeffizienten erster Ordnung.

Im AR(2)Modell

$$(5.22) \qquad \tilde{z}_t = \phi_1 \cdot \tilde{z}_{t-1} + \phi_2 \cdot \tilde{z}_{t-2} + a_t$$

erhält man für die Autokorrelation k-ter Ordnung die Beziehung (vgl. (5.15))

$$(5.23) \qquad \rho_z(k) = \phi_1 \cdot \rho_z(k-1) + \phi_2 \cdot \rho_z(k-2) \qquad \text{für } k > 0.$$

Dies ist eine *homogene Differenzengleichung zweiter Ordnung*. Für $k = 1$ und $k = 2$ erhalten wir die beiden Gleichungen

$$(5.24a) \qquad \rho_z(1) = \phi_1 + \phi_2 \cdot \rho_z(1)$$

$$(5.24b) \qquad \rho_z(2) = \phi_1 \cdot \rho_z(1) + \phi_2 \ ,$$

die wir nach ϕ_1 und ϕ_2 auflösen können. Hierzu multiplizieren wir Gleichung (5.24b) mit $\rho_z(1)$, was

$$(5.25) \qquad \rho_z(1) \cdot \rho_z(2) = \phi_1 \cdot \rho_z^2(1) + \phi_2 \cdot \rho_z(1)$$

ergibt, und subtrahieren Gleichung (5.25) von Gleichung (5.24a), womit wir

$$\phi_1 \cdot [1 - \rho_z^2(1)] = \rho_z(1) \cdot [1 - \rho_z(2)]$$

und damit

$$(5.26) \qquad \phi_1 = \frac{\rho_z(1) \cdot [1 - \rho_z(2)]}{1 - \rho_z^2(1)}$$

erhalten. Einsetzen von Gleichung (5.26) in Gleichung (5.24b) erbringt dann

$$\phi_2 = \rho_z(2) - \frac{\rho_z^2(1) \cdot [1 - \rho_z(2)]}{1 - \rho_z^2(1)}$$

$$= \frac{\rho_z(2) - \rho_z^2(1) \cdot \rho_z(2) - \rho_z^2(1) + \rho_z^2(1) \cdot \rho_z(2)}{1 - \rho_z(1)}$$

und damit

(5.27) $$\phi_2 = \frac{\rho_z(2) - \rho_z^2(1)}{1 - \rho_z^2(1)} .$$

5.6. Die Varianz des AR(p)-Modells.

Um allgemein die Varianz des AR(p)-Modells zu gewinnen, multiplizieren wir Gleichung (5.1) mit dem mittelwertbereinigten Output der Periode t und erhalten

(5.28) $$\tilde{z}_t^2 = \phi_1 \cdot \tilde{z}_t \cdot \tilde{z}_{t-1} + \ldots + \phi_p \cdot \tilde{z}_t \cdot \tilde{z}_{t-p} + a_t \cdot \tilde{z}_t .$$

Wir berücksichtigen nun, daß wegen (5.1) gilt, daß

(5.29) $$E(a_t \cdot \tilde{z}_t) = \phi_1 \cdot E(a_t \cdot \tilde{z}_{t-1}) + \ldots + \phi_p \cdot E(a_t \cdot \tilde{z}_p) + E(a_t^2)$$

$$= \sigma_a^2 ,$$

da für k > 0 alle anderen Terme Null werden (vgl. mit (5.11)), und erhalten mittels des Erwartungsoperators weiter aus (5.28)

(5.30) $$\gamma_z(0) = \phi_1 \cdot \gamma_z(1) + \ldots + \phi_p \cdot \gamma_z(p) + \sigma_a^2 .$$

Division mit σ_z^2 ergibt

(5.31) $$1 = \phi_1 \cdot \rho_z(1) + \ldots + \phi_p \cdot \rho_z(p) + \frac{\sigma_a^2}{\sigma_z^2} ,$$

was wir nach σ_z^2 auflösen:

(5.32) $$\sigma_z^2 = \frac{\sigma_a^2}{1 - \phi_1 \cdot \rho_z(1) - \ldots - \phi_p \cdot \rho_z(p)} .$$

Diese allgemeine Formel ergibt speziell mit p = 1 für das AR(1)-Modell die Varianz der Outputvariablen als

(5.33) $$\sigma_z^2 = \frac{\sigma_a^2}{1 - \phi \cdot \rho_z(1)} = \frac{\sigma_a^2}{1 - \phi^2} .$$

wegen (5.20) in Übereinstimmung mit Gleichung (5.8).

Mit p = 2 erhalten wir für das AR(2)-Modell die Varianz der Outputvariablen als

(5.34) $$\sigma_z^2 = \frac{\sigma_a^2}{1 - \phi_1 \cdot \rho_z(1) - \phi_2 \cdot \rho_z(2)} .$$

5.7. Eigenschaften von AR(p)-Modellen

Wie wir schon für das AR(1)-Modell festgestellt haben, sind autoregressive Modelle nur unter bestimmten Bedingungen stationär. Die Stationaritätsbedingungen eines AR(p)-Modells ergeben sich aus der Bedingung, daß die Wurzeln des charakteristischen Polynoms

$$1 - \phi_1 \cdot B - \ldots - \phi_p \cdot B^p = 0 \tag{5.35}$$

außerhalb des Einheitskreises liegen müssen.

Für den AR(2)-Prozeß lauten die Stationaritäsbedingungen

$$-1 < \phi_2 < 1 \,, \tag{5.36a}$$

$$\phi_2 - \phi_1 < 1 \quad \text{und} \tag{5.36b}$$

$$\phi_2 + \phi_1 < 1 \tag{5.36c}$$

(vgl. Box-Jenkins (1970), S. 58). In einer durch ϕ_1 und ϕ_2 gebildeten Ebene lassen sich diese drei Bedingungen als Begrenzungslinien eines Stationaritätsdreiecks darstellen.

Autoregressive Prozesse sind, wie wir schon beim AR(1)-Modell festgestellt haben, immer invertierbar, d.h. sie lassen sich ohne Bedingungen in moving-average-Modelle umrechnen.

5.8. Die partiellen Autokorrelationskoeffizienten

Zur Bestimmung der Ordnung des AR(p)-Prozesses kann man das Konzept der partiellen Autokorrelationskoeffizienten verwenden.

In den Yule-Walker-Gleichungen sind die Autoregressionsparameter $\phi_1, \ldots, \phi_p$ zu schätzen, wobei die aus den Beobachtungen gewonnenen empirischen Autokorrelationen j-ter Ordnung r_j ($j = 1, \ldots, k$) verwendet werden können. Hierzu verwendet man das folgende Gleichungssystem (vgl. wegen weiterer Einzelheiten Box-Jenkins (1970), S. 65)

(5.37) $$r_j = \hat{\phi}_{k1} \cdot r_{j-1} + \hat{\phi}_{k2} \cdot r_{j-2} + \ldots + \hat{\phi}_{k(k-1)} \cdot r_{j-k+1} + \hat{\phi}_{kk} \cdot r_{j-k}$$

für $j = 1, \ldots, k$.

Dabei gibt j die Nummer der Yule-Walker-Gleichung und k die gegenwärtig betrachtete Ordnung des AR-Prozesses an, wobei man bei der Ordnung k=1 beginnt und diese steigert bis zum gewünschten Grad. Die Parameter der Autoregression $\phi_{k1}, \ldots, \phi_{kk}$ bezeichnet man als *partielle Autokorrelationskoeffizienten.*

Durbin (1960) (vgl. hierzu Box-Jenkins (1970), S. 83) hat einen Algorithmus entwickelt, der Rekursionsformeln zur Schätzung der partiellen Autokorrelationskoeffizienten bereitstellt. Sie lauten

(5.38) $$\hat{\phi}_{p+1,p+1} = \frac{r_{p+1} - \sum_{j=1}^{p} \hat{\phi}_{pj} \cdot r_{p+1-j}}{1 - \sum_{j=1}^{p} \hat{\phi}_{pj} \cdot r_j} \qquad \text{für } p = 1, 2, \ldots$$

und

(5.39) $$\hat{\phi}_{p+1,j} = \hat{\phi}_{pj} - \hat{\phi}_{p+1,p+1} \cdot \hat{\phi}_{p,p+1-j} \qquad \text{für } p = 1, 2, \ldots \text{ und } j = 1, 2, \ldots, p.$$

Beispiele: Für p = 0 erhalten wir sofort aus (5.20) im AR(1)-Modell

(5.40) $$\hat{\phi}_{11} = r_1 .$$

Als Schätzung des Autoregressionsparameters verwendet man somit den empirischen Autokorrelationskoeffizienten erster Ordnung.

Im AR(2)-Modell setzen wir (5.40) in (5.38) ein mit p = 1 und erhalten

$$(5.41) \qquad \hat{\phi}_{22} = \frac{r_2 - r_1^2}{1 - r_1^2} .$$

Hiermit und für p = 1 sowie j = 1 erhalten wir aus (5.39)

$$\hat{\phi}_{21} = \hat{\phi}_{11} - \hat{\phi}_{22} \cdot \hat{\phi}_{11} = r_1 \cdot (1 - \hat{\phi}_{22}) ,$$

so daß nach einigen Umformungen gilt

$$(5.42) \qquad \hat{\phi}_{21} = \frac{r_1 \cdot (1 - r_2)}{1 - r_1^2}$$

Man vergleiche die Schätzung (5.41) mit Gleichung (5.27) und die Schätzung (5.42) mit Gleichung (5.26).

Für den AR(3)-Prozeß liefert p = 2 in (5.38)

$$(5.43) \qquad \hat{\phi}_{33} = \frac{r_3 - \hat{\phi}_{21} \cdot r_2 - \hat{\phi}_{22} \cdot r_1}{1 - \hat{\phi}_{21} \cdot r_1 - \hat{\phi}_{22} \cdot r_2} ,$$

was man einsetzen kann zur Berchnung (nach (5.39)) von

$$(5.44) \qquad \hat{\phi}_{31} = \hat{\phi}_{21} - \hat{\phi}_{33} \cdot \hat{\phi}_{22}$$

und von

$$(5.45) \qquad \hat{\phi}_{32} = \hat{\phi}_{22} - \hat{\phi}_{33} \cdot \hat{\phi}_{21} .$$

Zur Identifizierung eines AR(p)-Prozesses ist es recht hilfreich, daß die partiellen Autokorrelationskoeffizienten ϕ_{kk} , die als die Regressionskoeffizienten der Outputvariablen mit dem längsten lag verstanden werden können, definitionsgemäß für lags, die über p hinausreichen, verschwinden müssen. Für einen AR(p)-Prozeß gilt also der cut-off $\phi_{kk} = 0$ für $k > p$.

Nach Box-Jenkins ((1970), S. 178) unterwirft man daher die mittels (5.38) geschätzten partiellen Autokorrelationskoeffizienten dem *Test von Quenouille* (vgl. Quenouille (1949)). Dieser Test überprüft, ob diese partiellen Korrelationskoeffizienten signifikant von Null verschieden sind. Da hierbei die Varianz dieser partiellen Korrelationskoeffizienten von der Ornung T^{-1} ist, wobei T die Anzahl der Beobachtungen der Zeitreihe darstellt, ergibt sich als Abschätzung der Standardabweichung als positiver Quadratwurzel der Varianz

$$\sigma(\phi_{kk}) \approx T^{-1/2} \qquad \text{für } k \geq p+1,$$

so daß mit rd. 5% Irrtumswahrscheinlichkeit alle Schätzungen des partiellen Autokorrelationskoeffizienten ϕ_{kk} abgelehnt werden, die sich im $\pm 2\sigma$-Intervall um Null befinden.

Für unsere aus den Beobachtungen z_t bestehende Zeitreihe empfiehlt sich als Schätzung der Autokorrelation k-ter Ordnung (5.14) der *empirische Autokorrelationskoeffizient k-ter Ordnung* r_k , der definiert ist durch

$$(5.46) \qquad r_k = \frac{\hat{\gamma}_z(k)}{\hat{\gamma}_z(0)} ,$$

wobei man als *Schätzung der Autokovarianz k-ter Ordnung*

$$(5.47) \qquad \hat{\gamma}_z(k) = \frac{1}{T} \sum_{t=1}^{T-\tau} (z_t - \bar{z}) \cdot (z_{t+\tau} - \bar{z})$$

verwendet mit dem zeitlichen Mittel

$$\bar{z} = \sum_{t=1}^{T} z_t . \tag{5.48}$$

Weiterführende Literatur

Box-Jenkins (1970)
Otnes-Enochson (1972)
Chatfield (1975)
Anderson (1976)
Mohr (1976a)
Bennett (1979)
Fuller (1976)

Übungsaufgaben

5.1. Berechnen Sie aus den 16 Beobachtungen

1,6 0,8 1,2 0,5 0,9 1,1 1,1 0,6 1,5 0,8 0,9 1,2 0,5 1,3 0,8 und 1,2

einer stationären Zeitreihe den empirischen Autokorrelationskoeffizienten erster Ordnung r_1 .

5.2. Die aus 400 $N(\mu, \sigma^2)$-verteilten "Zufallszahlen" mit $\mu = 0$ und $\sigma^2 = 1/400$ berechneten empirischen Autokorrelationskoeffizienten von r_1 bis r_{10} haben folgende Werte: 0,05 -0,02 0,08 0,07 0,03 0,02 0,02 -0,08 0,011 -0,06.
Lassen sich mit dem Test von Quenouille dennoch Abhängigkeiten vermuten? (Irrtumswahrscheinlichkeit 5%)

5.3. Wie lautet die Autokorrelation k-ter Ordnung des AR(1)-Prozesses

$$\tilde{z}_t = 0{,}8\, \tilde{z}_{t-1} + a_t ,$$

wobei $\{a_t\}$ ein white-noise-Prozeß mit Erwartungswert Null ist. Zeichnen Sie diese Autokorrelationen für k = 0, 1, 2, 3, 4, 5 in ein Diagramm (Ordinate: $\rho_z(k)$-Werte. Abszisse: k-Werte).

6. Kapitel

Moving-average-Modelle

6.1. Allgemeines

Für das *MA(q)-Modell q-ter Ordnung*

$$\tilde{z}_t = a_t - \theta_1 \cdot a_{t-1} - \ldots - \theta_q \cdot a_{t-q} \qquad (6.1)$$

können wir mittels des Lag-Operator-Polynoms q-ter Ordnung (4.59) schreiben

$$\tilde{z}_t = \Theta(B) \cdot a_t \, . \qquad (6.2)$$

Die Anwendung von moving-average-Prozessen auf ökonomische Zeitreihen erweist sich insbesondere dann als sinnvoll, wenn Störeinflüsse sich über mehrere Perioden erstrecken können. Prominente Beispiele hierfür sind Veränderungen der Steuerstruktur (z.B. die Einführung der Mehrwertsteuer bzw. die Erhöhung von Steuersätzen), Auswirkungen von Veränderungen der Subventionen, Strukturbrüche im Energiesektor, Veränderung der Situation auf den Rohstoffmärkten, außenwirtschaftliche Rückwirkungen auf die Binnenkonjunktur und den Arbeitsmarkt ebenso wie eine zunehmende Streikbereitschaft.

Im moving-average-Modell ist der Output eine lineare Funktion der verzögerten Störeinflüsse. Die Parameter θ_τ , $\tau = 1, \ldots, q$ werden in moving-average-Modellen als Gewichte mittels der Beobachtungen geschätzt. Dies ist der entscheidende Gegensatz zur Technik der gleitenden Durchschnitte, da dort die Gewichte unabhängig von den einzelnen Beobachtungen bestimmt werden.

6.2. Autokorrelationen des MA(q)-Modells

Zunächst wollen wir die Autokorrelationen k-ter Ordnung für das MA(q)-Modell entwickeln. Wie wir bereits gesehen haben, ist der Erwartungswert des mittelwertbereinigten Outputs gleich Null(vgl. Gleichung (5.10)). Daher gilt für die Autokovarianz k-ter Ordnung die Beziehung

(6.3) $$\mathrm{Cov}\,(\tilde{z}_t\,,\,\tilde{z}_{t-k}) = E(\tilde{z}_t \cdot \tilde{z}_{t-k}) = \gamma_z(k)\,.$$

Für ein MA(1)-Modell

(6.4) $$\tilde{z}_t = a_t \quad \theta \quad a_{t-1}$$

erhalten wir die Autokovarianzen erster Ordnung mit

(6.5) $$\begin{aligned}\gamma_z(1) &= E(\tilde{z}_t \cdot \tilde{z}_{t-1}) \\ &= E[(a_t - \theta \cdot a_{t-1})\cdot(a_{t-1} - \theta \cdot a_{t-2})] \\ &= -\,\theta \cdot E(a_{t-1} \cdot a_{t-1}) \\ &= -\,\theta \cdot \sigma_a^2\,,\end{aligned}$$

da der Input ein white-noise-Prozeß mit zeitstabiler Varianz σ_a^2 für alle Perioden ist und Inputs verschiedener Perioden miteinander unkorreliert sind. Somit sind die Erwartungswerte aller anderen Produkte in (6.5) gleich Null. Diese Eigenschaft hat auch zur Folge, daß

(6.6) $$\gamma_z(k) = 0 \text{ für } k > 1,$$

d.h. daß alle Autokovarianzen höherer Ordnung verschwinden. Dies kann man sich etwa für k=2 mit

(6.7) $\gamma_z(2) = E(\tilde{z}_t \cdot \tilde{z}_{t-2}) = 0$

durch Einsetzen von (6.4) und der entsprechenden Gleichung für $\tilde{z}_{t-2}$ vergegenwärtigen, denn dann enthalten die zu bildenden Produkte in keinem Fall zwei Inputs der gleichen Periode.

Aus (6.6) gewinnen wir den cut-off der Autokorrelationen des MA(1)-Modells mit

(6.8) $\rho_z(k) = 0$ für $k > 1$,

da wir aus den Autokovarianzen durch Division mit der Varianz sofort die Autokorrelationen erhalten.

Für einen MA(2)-Prozeß

(6.9) $\tilde{z}_t = a_t - \theta_1 \cdot a_{t-1} - \theta_2 \cdot a_{t-2}$

können wir die Autokovarianz erster Ordnung bestimmen mit

(6.10) $\gamma_z(1) = E(\tilde{z}_t \cdot \tilde{z}_{t-1})$

$$= E[(a_t - \theta_1 \cdot a_{t-1} - \theta_2 \cdot a_{t-2})\cdot(a_{t-1} - \theta_1 \cdot a_{t-2} - \theta_2 \cdot a_{t-3})]$$

$$= - \theta_1 \cdot E(a_{t-1}^2) + \theta_1 \cdot \theta_2 \cdot E(a_{t-2}^2)$$

$$= - \theta_1 \cdot (1 - \theta_2) \cdot \sigma_a^2 ,$$

da alle anderen Ausdrücke verschwinden.

Für die Autokovarianz zweiter Ordnung erhalten wir in diesem Modell

(6.11) $\gamma_z(2) = E(\tilde{z}_t \cdot \tilde{z}_{t-2})$

$= E[(a_t - \theta_1 \cdot a_{t-1} - \theta_2 \cdot a_{t-2})\cdot(a_{t-2} - \theta_1 \cdot a_{t-3} - \theta_2 \cdot a_{t-4})]$

$= - \theta_2 \cdot E(a_t^2)$

$= - \theta_2 \cdot \sigma_a^2 .$

Für Autokovarianzen höherer Ordnung gilt dann

(6.12) $\gamma_z(k) = 0$ für $k > 2$.

Entsprechend erhalten wir als cut-off der Autokorrelationen für das AR(2)-Modell

(6.13) $\rho_z(k) = 0$ für $k > 2$.

Allgemein läßt sich für die Autokovarianzen eines MA(q)-Modells schreiben (vgl. auch Box-Jenkins (1970), S. 68)

(6.14a) $\gamma_z(k) = (- \theta_k + \theta_{k+1} \cdot \theta_1 + ... + \theta_q \cdot \theta_{q-k}) \cdot \sigma_a^2$ für $k = 1, ..., q-1$

(6.14b) $\gamma_z(k) = - \theta_q \cdot \sigma_a^2$ für $k = q$

(6.14c) $\gamma_z(k) = 0$ für $k > q$.

Für die Varianz des MA(q)-Modells gilt

$$\sigma_z^2 = E(\tilde{z}_t^2) = E[(a_t - \theta_1 \cdot a_{t-1} - ... - \theta_q \cdot a_{t-q})^2],$$

woraus wir

(6.15) $\sigma_z^2 = (1 + \theta_1^2 + ... + \theta_q^2) \cdot \sigma_a^2$

erhalten, da wieder alle anderen Erwartungswerte verschwinden. Die Varianz der Outputvariablen ist somit gleich der Varianz der Inputvariablen, die mit der Summe der Quadrate der Gewichte multipliziert wird.

Damit ist gezeigt, daß alle MA(q)-Modelle stationär sind.

Dividiert man die Autokovaranzen durch die Varianz, so erhält man die Autokorrelationen.

Für die *Autokorrelationen k-ter Ordnung* des MA(q)-Modells gilt somit

(6.16a) $$\rho_z(k) = \frac{-\theta_k + \theta_{k+1} \cdot \theta_1 + ... + \theta_q \cdot \theta_{q-k}}{1 + \theta_1^2 + ... + \theta_q^2} \quad \text{für } k = 1, ..., q\text{-}1$$

(6.16b) $$\rho_z(k) = -\frac{\theta_q}{1 + \theta_1^2 + ... + \theta_q^2} \quad \text{für } k = q$$

(6.16c) $$\rho_z(k) = 0 \quad \text{für } k > q.$$

Für das *MA(1)-Modell* liefern die Beziehungen (6.16) mit k = 1

(6.17a) $$\rho_z(1) = \frac{-\theta}{1 + \theta^2}$$

und

(6.17b) $$\rho_z(k) = 0 \text{ für } k > 1.$$

Für das *MA(2)-Modell* liefern die Beziehungen (6.16) mit k = 2

(6.18a) $$\rho_z(1) = \frac{-\theta_1 + \theta_2 \cdot \theta_1}{1 + \theta_1^2 + \theta_2^2},$$

(6.18b) $$\rho_z(2) = \frac{-\theta_2}{1 + \theta_1^2 + \theta_2^2} \quad \text{und}$$

(6.18c) $$\rho_z(k) = 0 \quad \text{für } k > 2.$$

6.3. Eigenschaften des MA(q)-Modells

Wie wir gesehen haben, sind MA(q)-Modelle stets stationär. Allerdings bereitet nun die Invertierbarkeit Probleme.

Das *MA(1)-Modell* kann man nur unter Einhaltung einer Invertierbarkeitsbedingung in ein AR(∞)-Modell invertieren. Verwendet man den Lag-Operator B, so kann man für das MA(1)-Modell schreiben

(6.19) $$\tilde{z}_t = a_t - \theta \cdot a_{t-1}$$
$$= (1 - \theta \cdot B) \cdot a_t .$$

Unter der *Invertierbarkeitsbedingung* $|\theta| < 1$ läßt sich die Outputbeziehung (6.19) invertieren (d.h. jetzt nach dem Input auflösen) zu

(6.20) $$a_t = \frac{1}{1 - \theta \cdot B} \cdot \tilde{z}_t$$
$$= (1 + \theta \cdot B + \theta^2 \cdot B^2 + \dots) \cdot \tilde{z}_t ,$$

wofür man schreiben kann

$$(6.21) \qquad \tilde{z}_t = a_t - \theta \cdot \tilde{z}_{t-1} - \theta^2 \cdot \tilde{z}_{t-2} - \ldots,$$

so daß ein Vergleich mit der autoregressiven Darstellung (4.12) ergibt, daß

$$(6.22) \qquad \pi_\tau = -\theta^\tau \text{ für } \tau = 1, 2, \ldots .$$

Während für moving-average-Prozesse zweiter und höherer Ordnung die moving-average-Parameter nur iterativ bestimmt werden können (etwa mit dem Marquardt-Algorithmus (vgl. Mohr (1976a), S. 171-175)), läßt sich der Parameter θ des MA(1)-Modells vergleichsweise einfach bestimmen. Wir multiplizieren hierzu Gleichung (6.17a) mit $(1 + \theta^2)$ und addieren sodann θ und erhalten damit das charakteristische Polynom

$$(6.23) \qquad \theta^2 \cdot \rho_z(1) + \theta + \rho_z(1) = 0.$$

Die beiden Wurzeln dieses charakteristischen Polynoms zweiten Grades lauten

$$(6.24) \qquad \theta_{1,2} = \frac{1}{2\,\rho_z(1)} \cdot [-1 \pm (1 - 4 \cdot \rho_z(1))^{1/2}] .$$

Hat man zum Beispiel aus den Daten einen empirischen Autokorrelationskoeffizienten erster Ordnung von $r_1 = -0{,}4$ errechnet, so substituiert man diesen Wert für $\rho_z(1)$ in (6.24) und erhält für θ die beiden Werte von 0,5 und 2. Von diesen beiden Lösungen ist nur die von 0,5 brauchbar, da die andere die Invertierbarkeitsbedingung verletzt.

Für ein *MA(2)-Modell* lauten die Invertierbarkeitsbedingungen:

(6.25a) $-1 < \theta_2 < 1$,

(6.25b) $\theta_2 + \theta_1 < 1$ und

(6.25c) $\theta_2 - \theta_1 < 1$

(vgl. Box-Jenkins (1970), S. 70).

Den Rohparameter q des moving-average-Modells (und damit dessen Ordnung) bestimmt man durch die Überlegung, daß für ein MA(q)-Modell die Autokorrelationen (q+1)-ter und höherer Ordnung verschwinden (*cut-off*). Sind somit in einer Zeitreihe die empirischen Autokorrelationskoeffizienten ab der Ordnung q+1 nicht mehr signifikant von Null verschieden, so wird die Gültigkeit eines MA(q)-Modell unterstellt. Bartlett (1946) (vgl. hierzu Box-Jenkins (1970), S. 34-36) hat einen *Test für Autokorrelationen* entwickelt, den man hierzu verwenden kann. Hierbei kann man die Varianz des empirischen Autokorrelationskoeffizienten k-ter Ordnung schätzen mit

(6.26) $$\hat{V}(r_k) = (1 + 2 \cdot \sum_{\tau=1}^{q} r_\tau^2) / T \quad \text{für } k > q$$

mit T = Anzahl der Beobachtungen.

Mit der aus (6.26) gebildeten Standardabweichung σ läßt sich bei rd. 5% Irrtumswahrscheinkeit ein 2σ-Ablehnungsbereich beidseitig um Null bilden, das sich mit zunehmendem k ausdehnt. Werte des empirischen Autokorrelationskoeffizienten k-ter Ordnung, die dieses Band nicht mehr verlassen, können somit mit entsprechender Irrtumswahrscheinlichkeit ignoriert werden, denn für den MA(q)-Prozeß gilt der cut-off $\rho_z(k) = 0$ für $k > q$.

Weiterführende Literatur

Box-Jenkins (1970)
Otnes-Enochson (1972)
Chatfield (1975)
Anderson (1976)
Mohr (1976a)
Bennett (1979)

Übungsaufgaben

6.1. Entwickeln Sie aus der Autokorrelation erster Ordnung des MA(1)-Modells die beiden Lösungen (6.24). Für welche der beiden Lösungen würden Sie sich entscheiden, wenn ein empirischer Autokorrelationskoeffizient erster Ordnung von 0,3 ermittelt worden wäre?

6.2. Berechnen Sie die Autokorrelation k-ter Ordnung für das MA(2)-Modell

$$\tilde{z}_t = a_t + 0{,}8\, a_{t-1} - 0{,}3\, a_{t-2}\,,$$

wobei der Inputprozeß den Erwartungswert Null besitzt.

7.Kapitel

Modellmischungen

7.1. ARMA(p,q)-Modelle

Die autoregressive Modellkomponente und die moving-average-Modellkomponente sind zusammengefaßt in den ARMA(p, q)-Modellen

$$(7.1) \qquad \tilde{z}_t = \phi_1 \cdot \tilde{z}_{t-1} + \ldots + \phi_p \cdot \tilde{z}_{t-p} + a_t - \theta_1 \cdot a_{t-1} - \ldots - \theta_q \cdot a_{t-q} \, .$$

Zur Herleitung der <u>Autokovarianzen k-ter Ordnung</u> multiplizieren wir Gleichung (7.1) mit dem mittelwertbereinigten Output der Periode t-k, bilden sodann den Erwartungswert und erhalten

$$(7.2) \qquad \gamma_z(k) = \phi_1 \cdot \gamma_z(k-1) + \ldots + \phi_p \cdot \gamma_z(k-p) - \theta_1 \cdot E(a_{t-1} \cdot \tilde{z}_{t-k}) - \ldots - \theta_q \cdot E(a_{t-q} \cdot \tilde{z}_{t-k}) \, .$$

Ist $k > q$, so sind die Erwartungswerte der Produkte von Störgrößen mit mittelwertbereinigten Outputs gleich Null, da wiederum die Störgrößen späterer Perioden die Outputs früherer Perioden nicht beeinflussen können. Somit entfallen unter diesen Bedingungen in Gleichung (7.2) die Ausdrücke, die moving-average-Parameter enthalten und wir erhalten

$$(7.3) \qquad \gamma_z(k) = \phi_1 \cdot \gamma_z(k-1) + \ldots + \phi_p \cdot \gamma_z(k-p) \qquad \text{für } k > q.$$

Dividiert man Gleichung (7.3) durch die Varianz der Outputvariablen, so gewinnt man für die Autokorrelationen k-ter Ordnung unseres ARMA(p, q)-Prozesses die Beziehung

$$(7.4) \qquad \rho_z(k) = \phi_1 \cdot \rho_z(k-1) + ... + \phi_p \cdot \rho_z(k-p) \qquad \text{für } k>q.$$

Für k = q+1, ..., q+p kann man aus (7.4) genau p Yule-Walker-Gleichungen bilden, mit denen sich die unbekannten Autoregressionsparameter $\phi_1, ..., \phi_p$ bestimmen lassen. Zu diesem Zweck verwendet man wieder die empirischen Autokorrelationskoeffizienten k-ter Ordnung als Schätzungen der theoretischen Autokorrelationskoeffizienten k-ter Ordnung. Anschließend werden die geschätzten Autoregressionsparameter in Gleichung (7.1) eingesetzt und sodann wie im MA(q)-Modell die moving-average-Parameter θ_1, ..., θ_q mittels der Autokorrelationen geschätzt.

Die einfachste Modellmischung bildet das *ARMA(1, 1)-Modell*

$$(7.5) \qquad \tilde{z}_t = \phi \cdot \tilde{z}_{t-1} + a_t - \theta \cdot a_{t-1} ,$$

das stationär ist für $-1 < \phi < 1$ und invertierbar ist für $-1 < \theta < 1$.

Die gewohnte Herleitung der Autokovarianzen des ARMA(1,1)-Modells

$$(7.6) \qquad \gamma_z(k) = \phi \cdot \gamma_z(k-1) + E(a_t \cdot \tilde{z}_{t-k}) - \theta \cdot E(a_t \cdot \tilde{z}_{t-k})$$

ergibt für k = 0

$$(7.7) \qquad \gamma_z(0) = \phi \cdot \gamma_z(1) + E(a_t \cdot \tilde{z}_t) - \theta \cdot E(a_{t-1} \cdot \tilde{z}_t)$$

$$= \phi \cdot \gamma_z(1) + (1 + \theta^2 - \theta \cdot \phi) \cdot \sigma_a^2 ,$$

denn wegen (5.11) gilt

$$(7.8)\qquad E(a_t \cdot \tilde{z}_t) = \phi \cdot E(a_t \cdot \tilde{z}_t) + E(a_t^2) - \theta \cdot E(a_t \cdot a_{t-1})$$
$$= \sigma_a^2$$

sowie

$$(7.9)\qquad E(a_{t-1} \cdot \tilde{z}_t) = \phi \cdot E(a_{t-1} \cdot \tilde{z}_{t-1}) + E(a_{t-1} \cdot a_t) - \theta \cdot E(a_{t-1}^2)$$
$$= (\phi - \theta) \cdot \sigma_a^2 .$$

Für k = 1 gewinnen wir aus (7.6)

$$(7.10)\qquad \gamma_z(1) = \phi \cdot \gamma_z(0) - \theta \cdot \sigma_a^2$$

und schließlich für $k \geq 2$

$$(7.11)\qquad \gamma_z(k) = \phi \cdot \gamma_z(k-1) ,$$

d.h. eine Rekursionsbeziehung.

Setzt man (7.10) in (7.7) ein, so erhält man

$$(7.12)\qquad \gamma_z(0) = \phi \cdot (\phi \cdot \gamma_z(0) - \theta \cdot \sigma_a^2) + (1 + \theta^2 - \theta \cdot \phi) \cdot \sigma_a^2$$
$$= \phi^2 \cdot \gamma_z(0) + (1 + \theta^2 - 2\,\theta \cdot \phi) \cdot \sigma_a^2 .$$

Auflösen nach $\gamma_z(0)$ ergibt

$$(7.13)\qquad \gamma_z(0) = \frac{1 + \theta^2 - 2\,\theta \cdot \phi}{1 - \phi^2} \cdot \sigma_a^2 .$$

Setzt man (7.13) in (7.10) ein, so gewinnt man mit einigen Umformungen

$$(7.14)\qquad \gamma_z(1) = \frac{(\phi - \theta)\cdot(1 - \theta\cdot\phi)}{1 - \phi^2}\cdot\sigma_a^2$$

(vgl. auch Box-Jenkins (1970), S. 76).

Dividiert man (7.14) durch (7.13), so erhält man die *Autokorrelation erster Ordnung* des ARMA(1, 1)-Modells

$$(7.15)\qquad \rho_z(1) = \frac{(\phi - \theta)\cdot(1 - \theta\cdot\phi)}{1 + \theta^2 - 2\,\theta\cdot\phi}.$$

Entsprechend erhält man aus (7.11) durch Division mit $\gamma_z(0)$ die Rekursionsbeziehung für die Autokorrelation k-ter Ordnung

$$(7.16)\qquad \rho_z(k) = \phi\cdot\rho_z(k-1)\qquad \text{für } k \geq 2\,.$$

Während für AR(p)-Modelle die partiellen Autokorrelationskoeffizienten nach dem lag p abbrechen (cut-off) und für die MA(q)-Modelle die Autokorrelationen nach dem lag q abbrechen (cut-off), gibt es für ARMA(p, q)-Modelle keine cut-offs der Autokorrelationen bzw. partiellen Autokorrelationskoeffizienten.

7.2. ARIMA(p, d, q)-Modelle

Wie wir bereits im 4. Kapitel gesehen haben, sind ARIMA(p, d, q)-Modelle nichts anderes als ARMA(p, q)-Modelle, die auf d-te Differenzen der Beobachtungen einer Zeitreihe angewendet werden.

Die Technik der Differenzenbildung läßt sich als Anwendung eines linearen Filters verstehen, der für den Fall der *ersten Differenzen* die Gewichte

$$g_0^{\Delta} = 1,$$

(7.17) $$g_1^{\Delta} = -1 \text{ und}$$

$$g_\tau^{\Delta} = 0 \text{ für } \tau \neq 0, 1$$

verteilt, so daß für den Output y_t dieses linearen Filters Δ mit Input x_t gilt

(7.18) $$y_t = \Delta\, x_t = x_t - x_{t-1}\,.$$

mit $\Delta = 1 - B$, d.h. wir können wieder den *Lag-Operator* (backward shift Operator) B verwenden mit den zuvor in Abschnitt 4.6. erwähnten Eigenschaften.

Neuerdings interessiert man sich stärker für *saisonale Differenzen*, die man ebenfalls als lineare Filter interpretieren kann:

(7.19) $$y_t = \Delta_s\, x_t = x_t - x_{t-s},$$

mit $\Delta_s = 1 - B^s$, wobei s ganzzahlig ist.

Für Monatsdaten bewirkt s =12, daß man Vorjahresdifferenzen bildet:

(7.20) $$y_t = \Delta_{12}\, x_t = x_t - x_{t-12}\,.$$

Saisonale Differenzen D-ter Ordnung liegen vor, wenn

(7.21) $$y_t = \Delta_s^D\, x_t\,,$$

mit $\Delta_s^D = (1 - B^s)^D$.

So bewirken derartige Differenzen mit s = 12 und D = 2, daß

(7.22) $$y_t = \Delta_{12}^2\, x_t = (1 - B^{12})^2\, x_t = (1 - 2B^{12} + B^{24})\, x_t$$

$$= x_t - 2x_{t-12} + x_{t-24}\,.$$

Werden gewöhnliche Differenzen mit saisonalen Differenzen verbunden, lassen sich weitere Effekte erzielen. So bewirkt die gemeinsame Verwendung gewöhnlicher erster Differenzen erster Ordnung mit saisonalen s-ten Differenzen, daß für s = 12

$$(7.23) \qquad y_t = \Delta\, \Delta_{12}\, x_t = (1 - B) \cdot (1 - B^{12})\, x_t$$

$$= (1 - B - B^{12} + B^{13})\, x_t =$$

$$= x_t - x_{t-1} - x_{t-12} + x_{t-13}\,.$$

Die Technik, derartige kombinierte Differenzen zu verwenden, wird dadurch erleichtert, daß sie als Option von Computerprogrammpaketen angeboten wird. Eine sachlogische Rechtfertigung der Anwendung derartiger Techniken ist jedoch in jedem Einzelfall geboten.

7.3. Praktisches Vorgehen

Das praktische Vorgehen der ARIMA-Technik kann wie folgt skizziert werden (vgl. auch Mohr (1976a), S. 183-184):

1. Zunächst sollten die Daten in einer *graphischen Darstellung* wiedergegeben werden, wozu Plotprogramme wie z.B. EXCEL verwendet werden können.

2. Auf Wunsch können die Daten einer *nichtlinearen Transformation* unterzogen werden (Box-Cox-Transformationen, vgl. Box-Jenkins (1970), S. 94).

3. *Maßzahlen* werden berechnet und ausgewertet (z. B. Autokorrelationen und partielle Autokorrelationskoeffizienten, wobei auf cut-offs zu achten ist).

4. Mit den Beobachtungen werden *Differenzen* der verschiedensten Art gebildet.

5. Für die Modelle mit Differenzen werden wieder die unter 3. erwähnten *Maßzahlen* gebildet und ausgewertet.

6. Eine *Vorentscheidung* für ein ARIMA-Modell bzw. mehrere Modelle der engeren Wahl wird getroffen, wobei im Zweifel Modelle mit einer geringeren Anzahl von Parametern bevorzugt werden (parsimonious principle).

7. Es erfolgt die *Schätzung* der autoregressiven Parameter und oder der moving-average Parameter.

8. Mittels *ex-post-Prognosen* erfolgt ein Vergleich alternativer ARIMA-Modelle der engeren Wahl. Hierzu werden Teile des Datenmaterials abgetrennt und zur Überprüfung vorheriger Schätzungen herangezogen, in denen sie nicht benutzt wurden. Sofern neuere Daten eingetroffen sind, werden die Modellprognosen mit diesen verglichen.

9. Eine *Entscheidung* für das optimale ARIMA-Modell (oder mehrere, falls die Entscheidungskriterien keine eindeutige Präferenz ergeben) wird getroffen.

10. Mit dem ausgewählten Modell werden *Kurzfristprognosen* erstellt.

Weiterführende Literatur

Box-Jenkins (1970)
Mohr (1976a)

Übungsaufgaben

7.1. Entwicklen Sie für das ARMA(1, 1)-Modell die Autokorrelation erster Ordnung.

7.2. Vergleichen Sie AR(p)-, MA(q)- Und ARMA(p, q)-Modelle hinsichtlich Stationarität, Invertierbarkeit und cut-offs von Autokorrelationen bzw. partiellen Autokorrelationen.

8. Kapitel

Exponentielles Glätten

8.1. Allgemeines

Das Auf und Ab der Werte einer Zeitreihe um ein konstantes Niveau kann in der Praxis als zufallsbedingt angenommen werden. Mit einer einfachen Technik läßt sich die Höhe dieses Niveaus schätzen. Diese Technik des Exponentiellen Glättens (exponential smoothing) wurde von R. G. Brown (1963) entwickelt (vgl. hierzu Mertens (1981)).

In der Herleitung der Formeln, die hierbei zum Einsatz kommen, orientierte sich Brown an der auf Gauß zurückgehenden Methode der kleinsten Quadrate. Im Gegensatz zur Methode der kleinsten Quadrate ist es jedoch für das Exponentielle Glätten nicht erforderlich, mit dem Eintreffen neuerer Beobachtungen den gesamten Schätzprozeß neu aufzurollen. Durch den Einsatz von Rekursionsformeln wird hierbei eine Aktualisierung der Schätzwerte erleichtert.

Nachfolgend soll die Grundtechnik des Exponentiellen Glättens beschrieben werden, die in der Praxis insbesondere auf betriebliche Zeitreihen angewendet wird, da der Rechenaufwand sich in Grenzen hält und eine Nutzung für Unternehmen mit großer Produktionsvielfalt und demgemäß hunderten von Zeitreihen bei geringem Betreuungsaufwand attraktiv ist.

8.2. Die Rekursionsformel

Wir gehen aus von einer Zeitreihe, die aus den T Beobachtungen x_1 , x_2 , ..., x_T besteht. Die Schätzung des geglätteten Beobchtungswerts zum Zeitpunkt t erfolgt dann mit

$$(8.1) \qquad \hat{x}_t = \alpha \cdot x_t + (1 - \alpha) \cdot \hat{x}_{t-1} \qquad \text{für } t = 2, ..., T,$$

wobei für den Glättungsparameter α gilt, daß $0 \leq \alpha \leq 1$.

Die Rekursionsformel (8.1) bedeutet, daß man aus einer neuen Beobachtung x_t einen neuen geglätteten Wert erhält, indem man die Beobachtung mit α gewichtet und den vorherigen geglätteten Wert mit dem komplementären Gewicht $1 - \alpha$ versieht. Somit bedarf es bei der Datenverarbeitung zur Erstellung neuer geglätteter Werte pro Zeitreihe nur dreier Speicherplätze: für α, für die neueste Beobachtung x_t und für den geglätteten Beobachtungswert, der jeweils seinen Vorgänger auf dessen Speicherplatz überschreibt.

8.3. Der Startwert

Als Startwert $\hat{x}_1$ der Rekursionsbeziehung (8.1) sind mehrere Werte denkbar. Im einfachsten Fall könnte man bei diesem Algorithmus an den sonst üblichen Startwert Null denken. Dies würde allerdings bedeuten, daß es allzu lange dauern würde, bis das Niveau der Zeitreihe erreicht wird. Die nächstbeste Lösung wäre, es mit der ersten Beobachtung x_1 zu versuchen. Damit hat dann allerdings der Wert, den x_1 zufällig annimmt, einen zu starken Einfluß auf die weiteren Glättungen. Es ist daher vorgeschlagen worden, als Startwert einen Mittelwert der ersten Beobachtungen zu verwenden, um einen ruhigeren Startwert zu erhalten.

In der Beurteilung, wieviele der ersten Beobachtungen man zur Mittelung verwenden kann, läßt sich eine sachlogische Überlegung einbauen. Für Monatsdaten würde der Autor empfehlen, die ersten zwölf Beobachtungen zu einem ungewogenen arithmetischen Mittel zusammenzufassen, das dann als Startwert zu verwenden wäre:

$$(8.2) \qquad \hat{x}_1 = \frac{1}{12} \sum_{t=1}^{12} x_t$$

Auf diese Weise würden dann die Saisoneinflüsse auf diese Beobachtungen zugleich in idealer Weise eliminiert.

8.4. Die Gewichtung der Beobachtungen

Setzt man

$$(8.3) \qquad \hat{x}_{t-1} = \alpha \cdot x_{t-1} + (1 - \alpha) \cdot \hat{x}_{t-2}$$

in Gleichung (8.1) ein, so erhält man

$$(8.4) \qquad \hat{x}_t = \alpha \cdot x_t + \alpha \cdot (1 - \alpha) \cdot x_{t-1} + (1 - \alpha)^2 \cdot \hat{x}_{t-2} .$$

Setzt man weiter

$$(8.5) \qquad \hat{x}_{t-2} = \alpha \cdot x_{t-2} + (1 - \alpha) \cdot \hat{x}_{t-3}$$

in Gleichung (8.4) ein, so erhält man

$$(8.6) \quad \hat{x}_t = \alpha \cdot x_t + \alpha \cdot (1 - \alpha) \cdot x_{t-1} + \alpha \cdot (1 - \alpha)^2 \cdot x_{t-2} + (1 - \alpha)^3 \cdot \hat{x}_{t-3} .$$

Durch fortgesetztes Einsetzen früherer geglätteter Werte läßt sich aus Gleichung (8.6) die Approximation

$$(8.7) \qquad \hat{x}_t \approx \sum_{\tau=0}^{t-1} \alpha \cdot (1 - \alpha)^\tau \cdot x_{t-\tau}$$

bilden, wobei der jeweils letzte geglättete Wert ein Gewicht erhält, das gegen Null tendiert, denn für $0 < \alpha < 1$ gilt

$$(8.8) \qquad \lim_{\tau \to \infty} (1 - \alpha)^\tau = 0 .$$

Für den Extremalwert $\alpha = 1$ erkennen wir in (8.1), daß der geglättete Wert mit der Beobachtung übereinstimmt. Für den anderen Extremalwert $\alpha = 0$ hätte die jeweils letzte Beobachtung keinen Einfluß auf die Glättung. Beides widerspricht dem Sinn des Verfahrens, eine gewogene Mischung von letzter Beobachtung und vorangegangener Glättung herzustellen.

Mit (8.7) können wir erkennen, daß eine Beobachtung, die um τ Perioden der gegenwärtigen Beobachtung vorangeht, das Gewicht in Höhe von $\alpha \cdot (1 - \alpha)^\tau$ erhält für $\tau = 1, 2, \ldots$, während die aktuelle Beobachtung das Gewicht α erhält.

In Tabelle 8.1. findet man die Gewichte der Beobachtungen x_t bis x_{t-4} für alternative Werte von α zwischen 0,1 und 0,9 mit einer Schrittweite von 0,1 bei einer Genauigkeit von 3 Nachkommastellen, d.h. in Promille.

Tabelle 8.1: Gewichte einiger Beobachtungen für $\alpha = 0{,}1$ bis $\alpha = 0{,}9$

α	x_t	x_{t-1}	x_{t-2}	x_{t-3}	x_{t-4}
0,1	0,1	0,09	0,081	0,073	0,066
0,2	0,2	0,16	0,128	0,102	0,082
0,3	0,3	0,21	0,147	0,103	0,072
0,4	0,4	0,24	0,144	0,086	0,052
0,5	0,5	0,25	0,125	0,063	0,031
0,6	0,6	0,24	0,096	0,038	0,015
0,7	0,7	0,21	0,063	0,019	0,006
0,8	0,8	0,16	0,032	0,006	0,001
0,9	0,9	0,09	0,009	0,001	0,000

Wir erkennen, daß für große Werte von α, wie etwa für $\alpha = 0{,}9$ der Einfluß von weiter zurück liegenden Beobachtungen sehr schnell gegen Null geht. Da dies in dieser extremen Form nur selten gewünscht wird, bevorzugt man in der Praxis Werte von α aus dem Intervall $0 < \alpha < 0{,}3$.

8.5. Die Bestimmung von α

Es stehen mehrere Möglichkeiten zur Verfügung, den Glättungsparameter α zu bestimmen. Natürlich kann man für das angegebene Intervall $0 < \alpha < 0{,}3$ mit kleinerer Schrittweite noch weitere Gewichtsstrukturen ermitteln und sich diejenige aussuchen, die man für die betrachtete Zeitreihe als angemessen ansieht.

Ein mehr formales Auswahlkriterium besteht darin, daß man für alternative Werte von α die zugehörige Prognose erstellt und mit dem entsprechenden Beobachtungswert vergleicht. Die daraus resultierende quadratische Prognoseabweichung vergleicht man für alternative Werte von α und entscheidet sich für den Wert von α, der die minimale quadratische Prognoseabweichung liefert. Die quadratische Prognoseabweichung verwendet man, da in der Praxis das Vorzeichen der Abweichung im allgemeinen nicht von Bedeutung ist.

Wenn man anstelle einer einzigen Prognose pro Zeitreihe die letzten s+1 Prognosen verwenden möchte (z. B. s = 11 für die letzten 12 Werte unter Einschluß der gegenwärtigen Beobachtung) , so besteht dieses Kriterium darin, daß man für alternative Werte von α denjenigen Wert von α wählt, für den die Summe V der quadratischen Prognoseabweichungen

$$(8.9) \qquad V(\alpha) = \sum_{\tau=0}^{s} (x_{t-\tau} - \hat{x}_{t-\tau})^2$$

minimal ist (vgl. Chatfield (1975), S. 87-89).

8.6. Erweiterungen

Die Grundtechnik des Exponentiellen Glättens, die hier beschrieben wurde, liefert als Niveauschätzung eine Konstante, die, genau besehen, für die nächsten Beobachtungswerte der Zukunft, d.h. für unterschiedliche Prognoseschrittweite, bei gleichem Informationsstand denselben Prognosewert anbieten.
Mittlerweile gibt es zahlreiche Varianten dieser Technik, mit der sich auch lineare Trends (double exponential smoothing) und parabolische Trends (triple exponential smoothing für ein Trendpolynom 2. Grades) und - wie bereits erwähnt - Saisonkomponenten schätzen lassen.

Weiterführende Literatur

Brown (1963)
Winters (1960)
Harrison (1965
Harrison (1967)
Coutie u.a. (1964)
Lewandowski (1974)
Mertens (1981)

9. Kapitel

Grundbegriffe der Frequenzanalyse

Die bisherigen Betrachtungen zur Zeitreihenanalyse bezogen sich im wesentlichen auf den Zeitbereich. Im Kontrast hierzu stehen Untersuchungen im *Frequenzbereich*, die in neuerer Zeit auch für wirtschaftswissenschaftliche Anwender von Interesse sind.

Einige Grundbegriffe sollten daher geklärt werden, bevor auf die eigentlichen Techniken eingegangen wird.

9.1. Periodische Funktionen

Eine Funktion ist periodisch mit *Periode* P, wenn

(9.1) $$f(x \pm P) = f(x),$$

wobei x das Urbild der Funktion ist.

Entwickelt man Gleichung (9.1) weiter, so erhält man für ganzzahlige Vielfache von P

(9.2) $$f(x \pm k \cdot P) = f(x) \qquad \text{mit } k = 1, 2, 3, \dots .$$

f(x), das Bild der Funktion, verändert sich demnach nicht, wenn das Urbild der Funktion um ein ganzzahliges Vielfaches der Periode P verschoben wird.

Beispiele: Periodische Funktionen sind die Sinus- und die Kosinusfunktion. So gilt für die Sinusfunktion mit Periode 2π

(9.3) $$\sin(x \pm 2\pi \cdot k) = \sin x \qquad \text{mit } k = 1, 2, 3, \dots .$$

Entsprechend gilt für die Kosinusfunktion mit Periode 2π

(9.4) $$\cos(x \pm 2\pi \cdot k) = \cos x \qquad \text{mit } k = 1, 2, 3, \ldots .$$

Periodische Funktionen lassen sich anschaulich mit dem *Einheitskreis*, d.h. mit einem Kreis mit dem Radius $r = 1$, darstellen. Da der Einheitskreis den Kreisumfang $2\pi r = 2\pi$ hat, entspricht einer Periode von 2π ein ganzer Umlauf auf der Peripherie des Einheitskreises.

Die Periode 2π wird als *Grundperiode des Einheitskreises* bezeichnet. Für die betrachteten ökonomischen Anwendungen der Zeitreihenanalyse ist ihr Analogon im Zeitbereich die Erfassungsperiode. Als *Erfassungsperiode* Δ bezeichnet man den zeitlichen Abstand zwischen zwei aufeinanderfolgenden Erhebungs- oder Beobachtungszeitpunkten.

Beispiele: Für Jahresdaten ist das Jahr die Erfassungsperiode Δ, für Quartalsdaten das Quartal, für Monatsdaten der Monat usw.

Die in der ökonomischen Praxis interessierende *Untersuchungsperiode* P ist ein Vielfaches der Erfassungsperiode Δ.

Beispiel: Man möchte mit Monatsdaten die Vierjahresschwingung, also eine Konjunkturschwingung, untersuchen. Erfassungsperiode Δ ist dann der Monat, die Untersuchungsperiode P umfaßt dann 48 Monate, so daß $P = 48 \cdot \Delta$. Aus Gründen der Vereinfachung schreibt man dann $P = 48$. (Da somit auf das Symbol Δ verzichtet werden kann, wenn bekannt ist, welche Erfassungsperiode einer Untersuchung zugrundeliegt, wird es nicht weiter stören, wenn wir dasselbe Symbol für den Differenzenoperator verwenden, dessen Aussagegehalt natürlich ganz anders ist.)

Der Untersuchungsperiode P wird die *Grundperiode* 2π *des Einheitskreises* zugeordnet.

In unserem letzten Beispiel entspricht demnach die Untersuchungsperiode $P = 48$ einem vollen Durchlauf auf der Peripherie des Einheitskreises.

Die *Frequenz* f ist der Kehrwert der Untersuchungsperiode P, d.h. es gilt

(9.5) $$f = \frac{1}{P}.$$

Die Frequenz f gibt an, welcher Bruchteil der Untersuchungsperiode P sich in einer Erfassungsperiode realisiert.

Im Beispiel unserer Konjunkturschwingung erhalten wir als Frequenz f = 1/48, was besagt, daß sich während einer Erfassungsperiode 1/48 der Untersuchungsperiode realisiert.

Eine analoge Betrachtung existiert auch hier für den Einheitskreis. Die *Kreisfrequenz* λ gibt als 2π-faches der Frequenz f

(9.6) $$\lambda = 2\pi \cdot f$$

an, welcher Teilweg eines vollen Durchlaufs auf der Peripherie des Einheitskreises währen einer Erfassungsperiode zurückgelegt wird.

Im Beispiel entspricht der Erfassungsperiode nur 1/48 dieser Kreisbahn, so daß unserer vierjährigen Konjunkturschwingung eine Kreisfrequenz von

$$\lambda = \frac{2\pi}{48} = \frac{\pi}{24}$$

entspricht. Wir sehen schon an diesem Beispiel, daß man, wenn man den Ausdruck 2π im Zähler der Kreisfrequenz unverändert läßt, aus dem Nenner der Kreisfrequenz sofort die Periodenlänge ablesen kann.

Einsetzen von (9.5) in (9.6) ergibt

(9.7) $$\lambda = \frac{2\pi}{P}.$$

Ein anderes Beispiel mag nochmals die Zusammenhänge klären. Für eine mit Jahresdaten zu untersuchende Zweijahresschwingung ist P = 2, f = 1/2 und λ =

$2\pi/2$, da in einem Jahr nur die Hälfte der Peripherie des Einheitskreises durchlaufen wird. Der Zweijahreschwingung als Untersuchungsperiode wird hierbei ein voller Durchlauf auf der Peripherie des Einheitskreises zugeordnet.

Wie das letzte Beispiel veranschaulichen kann, muß die Untersuchungsperiode mindestens doppelt so lang sein wie die Erfassungsperiode, um Schwingungen der Untersuchungsperiode erfassen zu können.

So kann man natürlich mit Jahresdaten (Erfassungsperiode ist also ein Jahr) keine Jahresschwingung, Halbjahresschwingung oder Schwingungen kürzerer Periodizität erfassen.

Beispiel: Wenn man täglich um 12 Uhr auf der Erde die Temperatur mißt, wird man nicht die tägliche Schwankung der Temperatur erfassen können. Erst durch die zusätzliche regelmäßige Messung der Temperatur um 24 Uhr erkennt man die tägliche Temperaturschwankung, d.h. mit einer Erfassungsperiode, die halb so groß ist wie die Untersuchungsperiode.

Die Schwingung mit der kleinsten Untersuchungsperiode, die sich aufgrund einer Erfassungsperiode erfassen läßt, ist die Zweiperiodenschwingung mit der Untersuchungsperiode P = 2, für deren Frequenz $f = 1/2$ gilt und deren Kreisfrequenz $\lambda = 2\pi/2 = \pi$ ist. Da die Frequenz der Kehrwert der Periode ist, folgt daraus, daß dies zugleich die höchste Frequenz ist, die mit diskreten Daten zu erfassen ist. Man bezeichnet die höchste erfaßbare Frequenz als *Nyquist-Frequenz*. Sie ist benannt nach H. Nyquist, der im Jahre 1924 in Bells Systems Journal in einem Artikel auf diese Besonderheit hingewiesen hat.

Für die Zeitreihenanalyse eignen sich als periodische Funktionen besonders die Sinus- und die Kosinusfunktion, wenn als Argument der Zeitindex t verwendet wird.

Die *Sinusfunktion*

$$y = \sin \lambda \cdot t = \sin \frac{2\pi}{P} \cdot t \tag{9.8}$$

weist die Untersuchungsperiode P auf, die von t durchlaufen wird.

Das Bild der Sinusfunktion schwankt im Bereich von -1 bis 1 um Null und nimmt den Wert Null an für $t = 0, \pm P/2, \pm P, \pm 3P/2, \pm 2P, \ldots$, d.h. für ganzzahlige Vielfache von P/2.

Über den genannten Bereich hinaus läßt sich die Sinusfunktion durch den Faktor A, die *Amplitude*, dehnen mit $|A|>1$ oder pressen mit $0<|A|<1$, so daß dann aus (9.8)

(9.9) $$y = A \cdot \sin \lambda \cdot t$$

enststeht. Somit hat die Sinusfunktion in (9.8) die Amplitude 1.

Mit der Amplitude -1 entsteht aus (9.8) eine Spiegelung der Funktion an der Abszisse.

Durch die *Phasenverschiebung* φ lassen sich die Nullstellen der Sinusfunktion (9.8) verschieben mit

(9.10) $$y = \sin (\lambda \cdot t + \varphi) .$$

Beispiel: Mit der Phasenverschiebung $\varphi = \pi/2$ erhalten wir aus der Sinusfunktion eine Kosinusfunktion, denn es gilt

(9.11) $$y = \sin (2\pi t/P + \pi/2) = \cos (2\pi t/P) ,$$

da der Kosinus eine um 90 Grad (also π/2) verschobene Sinusfunktion ist.

Die allgemein in der Zeitreihenanalyse verwendete Form der Sinusfunktion lautet daher

(9.12) $$y = A \sin (\lambda t + \varphi)$$

mit

A = Amplitude
λ = Kreisfrequenz
φ = Phasenverschiebung
t = Zeitindex.

Die Sinusfunktion gehört zur Klasse der Funktionen mit *ungerader Symmetrie*, für die gilt, daß

(9.13) $f(-x) = -f(x).$

Wegen

(9.14) $\sin(-x) = -\sin x$

ist die Sinusfunktion drehsymmetrisch um den Ursprung.

Dagegen gehört die Kosinusfunktion zur Klasse der Funktionen mit *gerader Symmetrie* , für die gilt, daß

(9.15) $f(-x) = f(x).$

Wegen

(9.16) $\cos(-x) = \cos x$

ist die Kosinusfunktion klappsymmetrisch um die Ordinate als Symmetrieachse.

9.2. Stochastische Prozesse

Die Theorie der stochastischen Prozesse basiert auf dem Konzept der Zufallsvariablen. Bekanntlich bildet eine *Zufallsvariable* X den Stichprobenraum Ω eindeutig in die Menge der reellen Zahlen $\Re$ ab, d.h.

(9.17) $X : \Omega \rightarrow \Re.$

Hierbei gilt für die Zufallsvariable (engl.: random function) $X = X(\omega)$ mit $\omega \in \Omega$. d.h ω ist ein Element des Stichprobenraums (Ereignisraums) Ω.

Man kann einen *stochastischen Prozeß* definieren als eine meßbare Menge von numerischen Funktionen $X(t, \omega)$, wobei $t \in T$ und $\omega \in \Omega$. T ist hierbei der Raum der Zeit, t der Zeitindex und ω ein Element des Stichprobenraums Ω.

Jede dieser numerischen Funktionen hat demnach zwei Argumente, wobei es nun möglich ist, Zufallsvariablen gleichen Typs, die sich nur durch ihre zeitliche Einbindung unterscheiden, zusammenzufassen. Günter Menges sprach in diesem Zusammenhang davon, daß man stochastische Prozesse als Familien von Zufallsvariablen bezeichnen könne.

So kann man das Bruttosozialprodukt der Bundesrepublik Deutschland für ein bestimmtes Jahr als eine Zufallsvariable betrachten, für die sich der in der amtlichen Statistik realisierte Wert ergeben hat. Schon das Bruttosozialprodukt der Bundesrepublik des nächsten Jahres ist dann eine andere Zufallsvariable, für die sich eine andere Realisation aufgrund veränderter Ursachenzusammenhänge feststellen läßt. Gleichwohl lassen sich beide Zufallsvariablen mit denen anderer Jahre zu einer Familie von Werten des Bruttosozialprodukts der Bundesrepublik Deutschland vereinen.

Somit ist $X(\omega \mid t)$ der Wert der Zufallsvariablen eines stochastischen Prozesses, der sich für festes t ergibt, wobei ω variieren kann. Entsprechend steht $X(t \mid \omega)$ für den Wert eines stochastischen Prozesses, der sich bei gleicher Realisation ω im zeitlichen Ablauf ergibt, also an einer Stelle des Zeitpfads, d.h. t kann variieren.

<u>Beispiel:</u> In einem Postamt existieren 5 Fernsprechzellen. Zu einem festen Zeitpunkt kann die *Zufallsvariable*, die die Anzahl der besetzten Fernsprechzellen mißt, die Werte 0, 1, 2, 3, 4, 5 annehmen. Darüberhinaus mag interessieren, in welchen Zeitintervallen alle 5 Fernsprechzellen besetzt waren(*Zeitpfad*). Eine lückenlose Feststellung mit der Aussage, wann wieviele Fernsprechzellen besetzt waren, ergäbe einen *stochastischen Prozeß*.

Die Ausführungen im folgenden Abschnitt stellen neuere Entwicklungen der mathematischen Statistik dar und wenden sich daher besonders an Fortgeschrittene.

9.3. Univariate Spektralanalyse

Der Zeitbereich hat in der modernen Zeitreihenanalyse seine Entsprechung im Frequenzbereich. Durch *Fouriertransformationen* lassen sich Maßzahlen vom Zeitbereich in den Frequenzbereich transformieren bzw. rücktransformieren. Die neu entstandene Maßzahl bildet dann zusammen mit der ursprünglichen Maßzahl ein *Paar von Fouriertransformierten*.

Nach einem von Kolmogoroff (1941) entwickelten Theorem liefert die Transformation der Autokovarianzfunktion $\gamma(\tau)$ einer Zufallsvariablen X die spektrale Funktion $G(\lambda)$ mit

$$(9.18) \qquad \gamma(\tau) = \int_{-\pi}^{\pi} e^{i\lambda\tau}\, dG(\lambda) .$$

Das Integral in Gleichung (9.18) wird als *Fourier-Stieltjes-Integral* bezeichnet. Die Integrale im Frequenzbereich laufen von $-\pi$ bis π, d.h. in dem Bereich der Frequenzachse, in dem die verwendeten periodischen Funktionen ihren Hauptwert haben.

Dabei ist die Funktion $G(\lambda)$ rechtsseitig stetig und von beschränkter Variation, da

$$(9.19) \qquad \int_{-\pi}^{\pi} dG(\lambda) = \sigma^2 ,$$

wobei σ^2 die Varianz der Zufallsvariablen X darstellt.

Das Integral in Gleichung (9.19) ist ein Stieltjes-Integral.

Im *absolut-stetigen Fall* ergibt sich das *Spektrum* $f(\lambda)$ als erste Ableitung dieser Funktion

(9.20) $$f(\lambda) = \frac{d\,G(\lambda)}{d\,\lambda}\,.$$

Einsetzen von (9.18) liefert dann

(9.21) $$\gamma(\tau) = \int_{-\pi}^{\pi} e^{i\lambda\tau} f(\lambda)\, d\lambda.$$

Die Autokovarianzfunktion $\gamma(\tau)$ und das Spektrum $f(\lambda)$ sind ein Paar von Fouriertransformierten. Während die Autokovarianzfunktion im Zeitbereich definiert ist, gestattet das Spektrum Aussagen im Frequenzbereich.

Die Rücktransformation ist möglich mit

(9.22) $$f(\lambda) = \frac{1}{2\pi} \sum_{-\infty}^{\infty} \gamma(\tau) \cdot e^{-i\lambda\tau}\,.$$

Verwendet man anstelle der Autokovarianzfunktion $\gamma(\tau)$ die Autokorrelationsfunktion $\rho(\tau)$ mit $\rho(\tau) = \gamma(\tau) / \sigma^2$, so entsteht aus Gleichung (9.18) nunmehr

(9.23) $$\rho(\tau) = \int_{-\pi}^{\pi} e^{i\lambda\tau}\, dF(\lambda)\,.$$

$F(\lambda)$ wird als *spektrale Verteilungsfunktion* bezeichnet, denn in Analogie zur Verteilungsfunktion $F(x)$ der Zufallsvariablen X, für die gilt, daß

$$\int_{-\infty}^{\infty} dF(x) = 1 ,$$

besitzt die spektrale Verteilungsfunktion die Eigenschaft, daß

$$\int_{-\pi}^{\pi} dF(\lambda) = 1. \tag{9.24}$$

Durch Vergleich von (9.19) mit (9.24) erkennt man, daß aus der spektralen Funktion $G(\lambda)$ die spektrale Verteilungsfunktion hervorgeht durch die Normierung

$$F(\lambda) = \frac{G(\lambda)}{\sigma^2} . \tag{9.25}$$

Im *absolut-stetigen Fall* ergibt sich als erste Ableitung der spektralen Verteilungsfunktion $F(\lambda)$ die *spektrale Dichtefunktion*

$$f(\lambda) = \frac{dF(\lambda)}{d\lambda} . \tag{9.26}$$

Einsetzen in (9.23) liefert nun

$$\rho(\tau) = \int_{-\pi}^{\pi} e^{i\lambda\tau} \, f(\lambda) \, d\lambda \, . \tag{9.27}$$

Somit sind auch die Autokorrelationsfunktion $\rho(\tau)$ und die spektrale Dichtefunktion $f(\lambda)$ ein Paar von Fouriertransformierten. Beide sind beschränkte Maße, denn bekanntlich ist die Autokorrelationsfunktion eine normierte Funktion mit $-1 \leq \rho(\tau) \leq 1$ und für die spektrale Dichtefunktion ergibt sich die Normierung

$$\int_{-\pi}^{\pi} f(\lambda) \, d\lambda = 1. \tag{9.28}$$

Auch hier sieht man die Analogie zur Dichtefunktion der Zufallsvariablen X, für die zu beachten ist, daß

$$\int_{-\infty}^{\infty} f(x) \, dx = 1 \, .$$

Durch Vergleich von (9.27) mit (9.21) erkennt man, daß aus dem Spektrum $\mathit{f}(\lambda)$ die spektrale Dichtefunktion $f(\lambda)$ hervorgeht mit

$$f(\lambda) = \frac{\mathit{f}(\lambda)}{\sigma^2} \, ,$$

d.h. durch Normierung mit σ^2. Das bedeutet, daß man Gleichung (9.27) erhält, wenn man beide Seiten der Gleichung (9.21) mit σ^2 dividiert.

Im *diskreten Fall* ist die spektrale Funktion $G(\lambda)$ eine Treppenfunktion, die die Variationsbeiträge σ_k^2 an den diskreten Frequenzpunkten k (k=1, ..., n) kumuliert, so daß dann am oberen Ende der Frequenzachse, d.h für $\lambda = \pi$, gelten muß

(9.29) $$\lim_{\lambda \to \pi} G(\lambda) = \sum_{k=1}^{n} \sigma_k^2 = \sigma^2,$$

d.h. die Variationsbeiträge addieren sich zur Gesamtvarianz der Zufallsvariablen X.

Durch Normierung der Variationsbeiträge erhält man auch hier eine spektrale Verteilungsfunktion F(λ) mit der Maßgabe, daß dann gilt

(9.30) $$\lim_{\lambda \to \pi} F(\lambda) = 1.$$

Mischungen des absolut-stetigen Falles mit dem diskreten Fall sind für die spektrale Verteilungsfunktion F(λ) ebenso möglich, wie dies in der Wahrscheinlichkeitstheorie für die Verteilungsfunktion F(x) bekannt ist.

9.4. Lagfenster und Spektralfenster

Wie man zeigen kann, wird die Schätzung der spektralen Dichtefunktion f(λ) bzw. des Spektrums *f*(λ) verbessert, wenn man Glättungsprozeduren einsetzt. Hierbei gibt es zwei Wege, um konsistente Schätzungen zu erhalten.

(1) Man glättet die Autokorrelationen (bzw. Autokovarianzen) mittels bestimmter gleitender Durchschnitte L(τ). Da deren Argument der Lag (also die zeitliche Verzögerung) τ ist, werden diese gleitenden Durchschnitte auch *Lagfenster* genannt.

(2) Alternativ läßt sich die Schätzung der spektralen Dichtefunktion (bzw. des Spektrums) glätten mit einem bestimmten *Spektralfenster* S(λ).

Da sich durch Fouriertransformation zu jedem Lagfenster $L(\tau)$ ein zugehöriges Spektralfenster $S(\lambda)$ bilden läßt, führen die beiden erwähnten Vorgehensweisen formal zum gleichen Ergebnis. Rein rechnerisch ergeben sich in der Praxis kleinere Abweichungen der Rechenergebnisse, weil sich durch die unterschiedliche Anordnung der Rechenoperationen die Fehlerfortpflanzung von Rundungen auswirkt.

Allgemein können für Lagfenster folgende wünschenswerte Eigenschaften gefordert werden:

$$L(-\tau) = L(\tau),$$

$$L(\tau) = 0 \quad \text{für } |\tau| > M \quad \text{und} \tag{9.31}$$

$$L(\tau) \leq L(0) \text{ für } |\tau| \leq M\,.$$

Hierbei wird mit der ersten Eigenschaft gefordert, daß die Lagfenster symmetrisch um Null sind, da bei angenommener schwacher Stationarität die zu glättenden Funktionen (d.h. $\rho(\tau)$ bzw. $\gamma(\tau)$) ebenfalls symmetrisch um Null sind.

In der zweiten Eigenschaft steht der *Stutzungsparameter* M für die Maximalzahl der Lags, die für die zu glättenden Funktionen zu berücksichtigen sind. Anders gewendet, besagt die zweite Eigenschaft, daß Autokorrelationen (bzw. Autokovarianzen), deren Argument betragsmäßig größer als der maximale Lagabstand M ist, das Gewicht Null erhalten. Der Stutzungsbereich, dessen Breite 2M + 1 diskrete Werte umfaßt, ist meist erheblich kürzer als der Beobachtungszeitraum T. Damit sollen z.B. Autokorrelationen zu großer Ordnung, deren Schätzungen bei kleinem Datenhorizont recht unzuverlässig sind, aus dem Rechenprozeß eliminiert werden.

Mit der dritten Eigenschaft wird gefordert, daß das Gewicht, das dem Wert der zu glättenden Funktion an der Stelle $\tau = 0$ gegeben wird, von den anderen Gewichten nicht übertroffen wird. Für die meisten Lagfenster liegt an dieser Stelle das maximale Gewicht, so daß die anderen Gewichte um so stärker abnehmen, je näher τ dem maximalen Lagabstand M kommt, d.h. daß dann

$$L(\tau) < L(0) \qquad \text{für } |\tau| \leq M,$$

womit die Lagfenster beidseits des Maximums monoton fallen.

Die in der Praxis am meisten verwendeten Lagfenster sollen hier kurz besprochen werden.

9.4.1. Das Rechtecklagfenster

Das Rechtecklagfenster, auch Einheitsfenster genannt, hat folgende stutzende Gewichtsfunktion

(9.32)
$$L_R(\tau) = 1 \quad \text{für } |\tau| \leq M$$
$$\text{und 0 sonst.}$$

Dies bedeutet, daß die Werte der zu glättenden Funktion, die berücksichtigt werden, das volle Gewicht erhalten. Die Summe der Gewichte ergibt den Wert 2M + 1.

Das zugehörige Spektralfenster erhält man durch die Fouriertransformation

(9.33)
$$S_R(\lambda) = \frac{1}{2\pi} \sum_{-\infty}^{\infty} L_R(\tau) \cdot e^{-i\lambda\tau}.$$

$$= \frac{1}{2\pi} \sum_{-M}^{M} e^{-i\lambda\tau}$$

$$= \frac{1}{2\pi} (1 + (e^{i\lambda} + e^{-i\lambda}) + \dots + (e^{i\lambda M} + e^{-i\lambda M}))$$

$$= (1 + 2\cos\lambda + \dots + 2\cos(\lambda M))/2\pi$$

Dieses Spektralfenster besitzt den Nachteil, daß es negative Werte annehmen kann. Da dies nach der Glättung zu negativen Werten der Spektralschätzungen führen kann, ist von seiner praktischen Verwendung abzuraten. Eine Variationsrechnung mit negativen Variationsbeiträgen widerspricht der statistischen Sachlogik.

Zu bemerken ist weiterhin, daß das Spektralfenster zum Rechtecklagfenster neben einem Hauptmaximum an der Stelle $\lambda = 0$ zahlreiche Nebenmaxima und die erwähnten negativen Minima aufweist. Zwar konvergiert diese Oszillation mit zunehmendem λ gegen Null, doch ist eine sinnvolle Interpretation der dadurch entstehenden Phantommaxima der Spektralschätzungen nicht mehr möglich.

9.4.2. Das Dreiecklagfenster

Dieses von M.S. Bartlett (1950) vorgeschlagene Lagfenster hat folgende dreieckige Gewichtsfunktion

$$L_D(\tau) = 1 - \frac{|\tau|}{M} \quad \text{für } |\tau| \leq M \tag{9.34}$$

$$\text{und 0 sonst.}$$

Im Gegensatz zur Stutzung mit dem Rechtecklagfenster erhalten nicht alle berücksichtigten Funktionswerte das gleiche Gewicht. Die zu glättenden Funktionswerte erhalten hier ein um so geringeres Gewicht, je größer die zeitliche Verschiebung τ gegenüber dem zu betrachtenden Zeitpunkt t ist. Für $\tau = 0$ nimmt das Dreiecklagfenster seinen maximalen Wert 1 an, der bis zu den Rändern des Stutzungsintervalls auf Null gesunken ist. Die Summe der Gewichte ergibt den Wert M. Die Fouriertransformation liefert ein zugehöriges Spektralfenster, das nicht-negative Werte an jeder Stelle der Frequenzachse aufweist. Für die statistische Praxis kann daher die Verwendung des Dreiecklagfensters empfohlen werden.

9.4.3. Das von Hann-Tukey-Lagfenster

Von dem australischen Meteorologen Julius von Hann wurde ein Kosinus-Lagfenster entwickelt, dessen von John W. Tukey empfohlene Anwendung den Namen *Hanning* trägt. Die Gewichtsfunktion des von Hann-Tukey-Lagfensters lautet

$$(9.35) \qquad L_{HT}(\tau) = \frac{1}{2}\left(1 + \cos\frac{\pi\tau}{M}\right) \qquad \text{für } |\tau| \leq M$$

und 0 sonst.

Dieses Lagfenster hat an der Stelle $\tau = 0$ seinen Maximalwert und fällt beidseits des Maximalwerts symmetrisch, bis es bei $\tau = \pm M$ den Wert Null erreicht. Sein Graph ist nichtlinear und ähnelt einer Glockenkurve. Die Summe der Gewichte ergibt den Wert M. Das zugehörige Spektralfenster weist negative Werte auf und oszilliert um die Frequenzachse. Betragsmäßig am größten ist das Minimum unmittelbar neben dem bei $\lambda = 0$ gelegenen Hauptmaximum. Die Höhe des Minimums beträgt weniger als 3% des Hauptmaximums. Damit ist dieser negative Effekt deutlich geringer als beim Rechteck-Lagfenster, wo er über 20% des Hauptmaximums entspricht. Gleichwohl ist die Verwendung des von Hann-Tukey-Lagfensters nicht unbedenklich, da entstehende geglättete Spektralschätzungen mit negativem Vorzeichen nicht zu interpretieren sind.

9.4.4. Das Hamming-Lagfenster

Das von R. W. Hamming vorgeschlagene Kosinus-Lagfenster hat die Gewichtsfunktion

$$(9.36) \qquad L_{H}(\tau) = 0{,}54 + 0{,}46 \cos\frac{\pi\tau}{M} \qquad \text{für } |\tau| \leq M$$

und 0 sonst.

Es unterscheidet sich nur durch die Aufteilung der Gewichte von dem Kosinus-Lagfenster nach von Hann-Tukey(0,54 und 0,46 statt 0,5 und 0,5 für den absoluten Term und den Kosinusterm). Dies bewirkt, daß das Hamming-Lagfenster bei $\tau = \pm M$ einen Wert von 0,08 annimmt im Gegensatz zum Kosinusfenster nach von Hann-Tukey. Das vermittelt für das Lagfenster das Bild einer Glockenkurve, die auf einem Sockel mit der Höhe 0,08 aufsitzt. Für die Summe der Gewichte erhält man einen Wert von 1,08 M im Vergleich zu dem Wert von M des von Hann-Tukey-Lagfensters. Alles dies ist die Folge des Versuchs, das ebenfalls negative Werte aufweisende Spektralfenster des Hamming-Lagfensters in seiner Oszillation um die Frequenzachse so zu gestalten, daß die Höhe des unmittelbar neben dem Hauptmaximum gelegenen Minimums auf weniger als 2% des Hauptmaximums reduziert wird. Das Auftreten negativer Werte der geglätteten Spektralschätzungen kann gleichwohl nicht ausgeschlossen werden. Im Zweifel sollte man daher das Hamming-Lagfenster in der Praxis nicht einsetzen.

Weitere Variationen von Kosinus-Lagfenstern lassen sich nach G. M. Jenkins mit folgender allgemeinen Formel bilden

$$(9.37) \qquad L_J(\tau) = \alpha + (1-\alpha) \cdot \cos \frac{\pi\tau}{M} \qquad \text{für } |\tau| \leq M$$
$$\text{und 0 sonst.}$$

9.4.5. Das Parzen-Lagfenster

Ein von Emanuel Parzen konstruiertes Lagfenster, das dem Typ der Polynomial-Lagfenster zuzurechnen ist, hat folgende Gewichtsfunktion

$$L_P(\tau) = 1 - 6 \cdot \left(\frac{\tau}{M}\right)^2 + 6 \cdot \left(\frac{|\tau|}{M}\right)^3 \qquad \text{für } |\tau| \leq \frac{M}{2},$$

$$(9.38) \qquad L_P(\tau) = 2 \cdot \left(1 - \frac{|\tau|}{M}\right)^3 \qquad \text{für } \frac{M}{2} < |\tau| \leq M$$
$$\text{und 0 sonst.}$$

An der Stelle $\tau = 0$ hat das Parzen-Lagfenster den Maximalwert 1 und fällt nicht-linear, um bei $\tau = \pm$ M den Wert Null anzunehmen. Es hat ebenfalls die Gestalt einer Glockenkurve. Die Summe der Gewichte ergibt den Wert 0,75M. Das zum Parzen-Lagfenster zugehörige Spektralfenster besitzt überall nicht-negative Werte. In der Praxis wird das Parzen-Lagfenster dem Kosinus-Lagfenster nach von Hann-Tukey auch deswegen vorgezogen, da durch seine Gewichtung in geringerem Maße das Durchsickern (*leakage*) spektraler Masse von einem Maximum der spektralen Dichtefunktion auf ein Nebenmaximum zu beobachten ist. Dies kann darauf zurückgeführt werden, daß die Glockenkurve des Parzen-Lagfensters sich enger an den Maximalwert anschmiegt als die anderen Glockenkurven, d.h. daß die Gewichte schneller auf Null sinken als bei den anderen erwähnten Lagfenstern.

9.5. Beurteilungsmaße

Um die Güte der Spektralschätzungen beurteilen zu können, sind einige Beurteilungsmaße entwickelt worden, die kurz vorgestellt werden sollen. Eine ausführlichere Betrachtung findet man in Leiner (1978).

9.5.1. Das Varianzverhältnis

Man bildet hierbei das Verhältnis der Varianz der geglätteten Spektralschätzung zur Varianz der ungeglätteten Spektralschätzung. Wünschenswert ist natürlich ein möglichst kleines Varianzverhältnis, um einen starken Glättungseffekt zu erzielen. Für die betrachteten Lagfenster läßt sich zeigen, daß alle Lagfenster unter sonst gleichen Bedingungen ein Varianzverhältnis erzielen, das eine Funktion von M/T ist, wobei M für den maximalen Lagabstand und T für die Anzahl der Beobachtungen stehen.

Tabelle 9.1 enthält die Werte der Varianzverhältnisse der vorgestellten fünf Lagfenster. Wir erkennen dort, daß das Parzen-Lagfenster das beste Varianzverhältnis aufweist, während das Varianzverhältnis des Rechtecklagfensters am größten ist.

Tabelle 9.1: Varianzverhältnisse von fünf Lagfenstern

Lagfenster	Varianzverhältnis
Rechtecklagfenster	2 M/T
Dreiecklagfenster	2/3 M/T
von Hann-Tukey-Lagfenster	3/4 M/T
Hamming-Lagfenster	0,7948 M/T
Parzen-Lagfenster	0,5393 M/T

9.5.2. Die Anzahl der Freiheitsgrade

Da die Spektralschätzungen den Variationsrechnungen zuzurechnen sind, lassen sie sich durch die χ^2 -Verteilung approximieren, deren einzigster Parameter die Anzahl der Freiheitsgrade ν ist. Diese Approximation fällt um so besser aus, je größer die Anzahl der Freiheitsgrade ist. Durch eine Reihe von Umformungen ergibt sich, daß die Anzahl der Freiheitsgrade eine Funktion von T/M ist, d.h. daß große Datensätze (T) mit einer großen Anzahl der Freiheitsgrade ν verbunden sind.

In Tabelle 9.2 sind für die fünf vorgestellten Lagfenster die Anzahl der Freiheitsgrade angegeben.

Hierbei erkennen wir, daß unter sonst gleichen Umständen die Anzahl der Freiheitsgrade für das Parzen-Lagfenster am günstigsten ist und für das Rechtecklagfenster am niedrigsten ausfällt.

Für alle Lagfenster läßt sich feststellen, daß die Approximation verbessert werden kann durch eine Senkung des maximalen Lagabstandes M , d.h. durch eine stärkere Stutzung.

Tabelle 9.2: Die Anzahl der Freiheitsgrade von fünf Lagfenstern

Lagfenster	Anzahl der Freiheitsgrade
Rechtecklagfenster	T/M
Dreiecklagfenster	3 T/M
von Hann-Tukey-Lagfenster	8/3 T/M
Hamming-Lagfenster	2,5164 T/M
Parzen-Lagfenster	3,7085 T/M

9.5.3. Die Bandbreite

Für die Bandbreite (engl. *bandwidth*) existieren in der spektralanalytischen Literatur voneinander abweichende Definitionen.

Die Bandbreite der geglätteten Schätzung des Spektrums ist nach Parzen (1961) definiert durch die Bandbreite des benutzten Spektralfensters. Dabei definiert Parzen die Bandbreite eines Spektralfensters als die Breite desjenigen Spektralfensters von rechteckiger Gestalt, dessen Höhe gleich dem absoluten Maximum des zu beurteilenden Spektralfensters ist, wenn die Flächen dieser beiden Spektralfenster übereinstimmen.

Jenkins und Watts (1968) dagegen definieren die Bandbreite der geglätteten Schätzung des Spektrums als die Breite desjenigen Spektralfensters von rechteckiger Gestalt, dessen Glättung zur gleichen Varianz führt wie die mit dem zu beurteilenden Spektralfenster. Diese weniger anschauliche Version hat sich durchgesetzt und liegt den Angaben der Tabelle 9.3 zugrunde. Die Berechnungen führen dazu, daß die Bandbreiten von der Ordnung M^{-1} sind. Durch

Multiplikation mit M erhält man die *standardisierte Bandbreite*, die dann eine dimensionslose Maßzahl ist.

Tabelle 9.3: Standardisierte Bandbreiten für fünf Lagfenster

Lagfenster	Standardisierte Bandbreite
Rechtecklagfenster	1/2
Dreiecklagfenster	3/2
von Hann-Tukey-Lagfenster	4/3
Hamming-Lagfenster	1,2582
Parzen-Lagfenster	1,8543

Man erkennt, daß die Bandbreite des Parzen-Lagfensters am größten ist und die des Rechtecklagfensters am kleinsten ausfällt.

Die praktische Beurteilung der Bandbreite ist darin zu sehen, daß die Bandbreite eines Spektralfensters kleiner sein soll als der Abstand zwischen zwei Maxima des Spektrums, da diese sonst mittels des sie überlappenden Spektralfensters zu einem einzigen Phantommaximum im geglätteten Spektrum verschmelzen. Das Phantommaximum täuscht dann einen erheblichen Variationsbeitrag an einer Frequenzstelle (d.h. für eine Periodenlänge) vor, die in der Originalzeitreihe ohne Relevanz war. Wünschenswert ist demnach eine kleine Bandbreite, so daß das Beurteilungsmaß Bandbreite das Parzen-Lagfenster in einem ungünstigen Licht erscheinen läßt.

9.5.4. Vergleichende Betrachtung

Für die betrachteten Lagfenster lassen sich bezüglich des Zusammenhangs zwischen Varianzverhältnis, Anzahl der Freiheitsgrade und Bandbreite die nachfolgenden Überlegungen anstellen.

In empirischen Untersuchungen ist im allgemeinen der zeitliche Datenhorizont, d.h. die Anzahl T der Beobachtungen fixiert. Somit wird mit der in der Literatur empfohlenen Einhaltung eines bestimmten Verhältnisses von maximalem Lagabstand M zur Anzahl der Beobachtungen T von beispielsweise M/T = 1/4 zugleich der maximale Lagabstand M festgelegt.

Für ökonomische Untersuchungen ist darauf zu achten, daß der maximale Lagabstand M ein ganzzahliges Vielfaches des Jahres ist, da in der Auswertung die Jahresperiodizität, d.h. die einer Jahresschwingung zuzuordnende Frequenz, in aller Regel von entscheidender Bedeutung ist.

Schon bei der Erstellung der Tabellen fallen die direkte Proportionalität zwischen maximalem Lagabstand M und Varianzverhältnis auf sowie die inverse Proportionalität zwischen maximalem Lagabstand M und der Anzahl der Freiheitsgrade bzw. zwischen maximalem Lagabstand M und der Bandbreite.

Daraus folgt: Je größer der maximale Lagabstand M ist, desto größer wird das Varianzverhältnis, desto kleiner werden die Anzahl der Freiheitsgrade und die Bandbreite.

Unabhängig vom konkreten Verhältnis M/T in der Praxis besteht somit ein Konflikt zwischen Varianzverhältnis (möglichst klein) und Anzahl der Freiheitsgrade (möglichst groß) einerseits und der Bandbreite (möglichst klein) andererseits.

Für feste M wird also ein günstiges Varianzverhältnis(klein) und eine günstige Anzahl der Freiheitsgrade (groß) stets verbunden sein mit einer ungünstigen Bandbreite (groß), gleichgültig welchen Lagfenstertyp man wählt. Man muß sich daher von Fall zu Fall entscheiden, welches Lagfenster präferiert wird, wobei das Parzen-Lagfenster am besten abschneidet, wenn man sich aufgrund weit auseinanderliegender Maxima eine größere Bandbreite leisten kann.

9.6. Bivariate Spektralanalyse

Die bivariate Spektralanalyse untersucht Zusammenhänge gleicher Frequenzen für zwei Zufallsvariablen. Sie verwendet dabei auch Maßzahlen sowie die Beurteilungsmaße der univariaten Spektralanalyse.

9.6.1. Autokovarianzen und Kreuzkovarianzen

Wir betrachten die zwei Zufallsvariablen $X_1(t)$ und $X_2(t)$ mit dem Zeitindex $t = 1, ..., T$ und den zeitstabilen Erwartungswerten

(9.39) $$E(X_1(t)) = \mu_1 \text{ und } E(X_2(t)) = \mu_2 \text{ für } t = 1, ..., T.$$

Die Forderung nach schwacher Stationarität bewirkt für die beiden Autokovarianzen, daß

(9.40a) $$Cov[X_1(t), X_1(t+\tau)] = E\{[X_1(t) - \mu_1][X_1(t+\tau) - \mu_1]\} = \gamma_{11}(\tau)$$

und

(9.40b) $$Cov[X_2(t), X_2(t+\tau)] = E\{[X_2(t) - \mu_2][X_2(t+\tau) - \mu_2]\} = \gamma_{22}(\tau),$$

was bedeutet, daß die Autokovarianzen τ-ter Ordnung nur von der zeitlichen Verschiebung um τ Beobachtungsperioden und nicht von der historischen Zeit t abhängig sind.

Darüberhinaus werden in der bivariaten Zeitreihenanalyse *Kreuzkovarianzen* betrachtet, die die Zusammenhänge zwischen den beiden zeitlich gegeneinander verschobenen Zufallsvariablen messen. Die schwache Stationarität der Kreuzkovarianzen folgt nicht aus der angenommenen schwachen Stationarität der beiden Autokovarianzfunktionen. Wie Dhrymes ((1970), S. 457-458) zeigt, muß die schwache Stationarität der Kreuzkovarianzfunktionen separat postuliert werden, d.h.

(9.41a) $$\mathrm{Cov}[X_1(t), X_2(t+\tau)] = \gamma_{12}(\tau)$$

und

(9.41b) $$\mathrm{Cov}[X_2(t), X_1(t+\tau)] = \gamma_{21}(\tau),$$

was besagt, daß auch die beiden Kreuzkovarianzfunktionen von der zeitlichen Verschiebung um τ Beobachtungsperioden abhängig sind und nicht von der historischen Zeit t.

Im Gegensatz zu den Autokovarianzfunktionen sind die beiden Kreuzkovarianzfunktionen nicht symmetrisch um $\tau = 0$, d.h. $\gamma_{12}(\tau) \neq \gamma_{21}(\tau)$ für $\tau \neq 0$. Vielmehr bewirkt die Annahme der schwachen Stationarität der Kreuzkovarianzfunktionen, daß folgende Umformung möglich ist:

(9.42) $$\gamma_{12}(\tau) = \mathrm{Cov}[X_1(t), X_2(t+\tau)] = \mathrm{Cov}[X_1(t-\tau), X_2(t)]$$

$$= \mathrm{Cov}[X_2(t), X_1(t-\tau)] = \gamma_{21}(-\tau).$$

Mithin gilt durch Substitution auch, daß $\gamma_{12}(-\tau) = \gamma_{21}(\tau)$.

Die Symmetrie der Autokovarianzen folgt daraus, daß Variablen gleichen Typs miteinander verglichen werden, so daß eine zeitliche Verzögerung (Lag) um τ Beobachtungsperioden diesselbe Wirkung hat wie ein zeitliches Vorauseilen (Lead) um τ Beobachtungsperioden.

Die Kreuzkovarianz τ-ter Ordnung zwischen Variable $X_1(t)$ und Variable $X_2(t+\tau)$ mißt die Wirkung eines Lags der Variablen X_1 auf die Variable X_2. Dies entspricht jedoch zugleich der Messung der Wirkung eines Leads der Variablen X_2 gegenüber der Variablen X_1. Eine Umstellung der betrachteten beiden Variablen verändert also das Vorzeichen von τ.

Durch Normierung mit den beiden Standardabweichungen erhält man aus den Kreuzkovarianzen die *Kreuzkorrelationen*.

Somit gilt

(9.43a) $$\rho_{12}(\tau) = \frac{\gamma_{12}(\tau)}{\sigma_{11} \cdot \sigma_{22}},$$

wobei σ_{11} die Standardabweichung der Zufallsvariablen X_1 ist, die als positive Quadratwurzel aus deren Varianz $\gamma_{11}(0)$ gewonnen wird und σ_{22} die Standardabweichung der Zufallsvariablen X_2 ist, die als positive Quadratwurzel aus deren Varianz $\gamma_{22}(0)$ gewonnen wird. Auch hier bewirkt die Annahme der schwachen Stationarität die zeitliche Stabilität der betrachteten Varianzen.

Entsprechend erhält man

(9.43b) $$\rho_{21}(\tau) = \frac{\gamma_{21}(\tau)}{\sigma_{11} \cdot \sigma_{22}}.$$

Natürlich gilt auch für die Kreuzkorrelationen, daß $\rho_{12}(-\tau) = \rho_{21}(\tau)$.

9.6.2. Kreuzspektren

Nach dem Theorem von Kolmogoroff lassen sich auch Kreuzkovarianzfunktionen durch Fourier-Stieltjes-Integrale darstellen, d.h.

(9.44a) $$\gamma_{12}(\tau) = \int_{-\pi}^{\pi} e^{i\lambda\tau}\, dG_{12}(\lambda),$$

sowie

(9.44b) $$\gamma_{21}(\tau) = \int_{-\pi}^{\pi} e^{i\lambda\tau}\, dG_{21}(\lambda),$$

wobei die G(λ) rechtsseitig stetige Funktionen mit beschränkter Variation sind.

Im *absolut-stetigen Fall* erhält man das *Kreuzspektrum* $f_{12}(\lambda)$ mit

$$\gamma_{12}(\tau) = \int_{-\pi}^{\pi} e^{i\lambda\tau} f_{12}(\lambda)\, d\lambda \tag{9.45}$$

und, da Kreuzkovarianzfunktion und Kreuzspektrum ein Paar von Fouriertransformierten bilden, durch

$$f_{12}(\lambda) = \frac{1}{2\pi} \sum_{\tau=-\infty}^{\infty} \gamma_{12}(\tau) \cdot e^{-i\lambda\tau}. \tag{9.46a}$$

Analog erhält man $f_{21}(\lambda)$ aus $\gamma_{21}(\tau)$ als

$$f_{21}(\lambda) = \frac{1}{2\pi} \sum_{\tau=-\infty}^{\infty} \gamma_{21}(\tau) \cdot e^{-i\lambda\tau}. \tag{9.46b}$$

Da die Kreuzspektren komplexwertig sind, erhalten wir zu $f_{12}(\lambda)$ die Konjugierte durch

$$f_{12}^*(\lambda) = \frac{1}{2\pi} \sum_{\tau=-\infty}^{\infty} \gamma_{12}(\tau) \cdot e^{i\lambda\tau}. \tag{9.47}$$

Durch Einsetzen von $\gamma_{12}(\tau) = \gamma_{21}(-\tau)$ und mittels der Substitution $-\tau$ durchgängig für τ kann man zeigen, daß die Gleichungen (9.46b) und (9.47) übereinstimmen. Das bedeutet, daß das Kreuzspektrum $f_{21}(\lambda)$ die Konjugierte des Kreuzspektrums $f_{12}(\lambda)$ ist, mithin auch gilt, daß

$$f_{21}^*(\lambda) = f_{12}(\lambda). \tag{9.48}$$

9.6.3. Kospektrum und Quadratspektrum

In Gleichung (9.46) kann man die Eulersche Gleichung für komplexe Zahlen

(9.49) $$e^{i\lambda\tau} = \cos(\lambda\tau) + i\,\sin(\lambda\tau)$$

einsetzen und erhält dann für das komplexwertige Kreuzspektrum

(9.50) $$f_{12}(\lambda) = \frac{1}{2\pi} \sum_{\tau=-\infty}^{\infty} \gamma_{12}(\tau) \cdot [\cos(\lambda\tau) + i\,\sin(\lambda\tau)].$$

Den Realteil des Kreuzspektrums

(9.51) $$c_{12}(\lambda) = \frac{1}{2\pi} \sum_{\tau=-\infty}^{\infty} \gamma_{12}(\tau) \cdot \cos(\lambda\tau)$$

bezeichnet man als *Kospektrum.*

Den Imaginärteil des Kreuzspektrums

(9.52) $$q_{12}(\lambda) = \frac{1}{2\pi} \sum_{\tau=-\infty}^{\infty} \gamma_{12}(\tau) \cdot \sin(\lambda\tau)$$

bezeichnet man als *Quadratspektrum.*

Somit läßt sich für das Kreuzspektrum auch schreiben

(9.53) $$f_{12}(\lambda) = c_{12}(\lambda) + i\,q_{12}(\lambda).$$

Analog gilt

(9.54) $$f_{21}(\lambda) = c_{21}(\lambda) + i\, q_{21}(\lambda)$$

Wegen (9.48) realisieren wir, daß

(9.55) $$f_{12}(\lambda) = f_{21}{*}(\lambda) = c_{21}(\lambda) - i\, q_{21}(\lambda).$$

Durch Vergleich von (9.55) mit (9.53) erkennt man dann, daß

(9.56) $$c_{12}(\lambda) = c_{21}(\lambda),$$

also die beiden Kospektren identisch sind, weil der Realteil von zwei konjugierten komplexen Zahlen stets identisch ist. Weiter folgt aus diesem Vergleich, daß

(9.57) $$q_{12}(\lambda) = - q_{21}(\lambda),$$

da sich die konjugiert komplexen Zahlen durch das Vorzeichen ihrer Imaginärteile unterscheiden.

9.6.4. Amplitude und Phase

Als komplexwertige Funktion lautet das Kreuzspektrum in der Exponentialschreibweise

(9.58) $$f_{12}(\lambda) = A_{12}(\lambda) \cdot e^{i\varphi_{12}(\lambda)}$$

Hierbei sind $A_{12}(\lambda)$ die *Amplitude* und $\varphi_{12}(\lambda)$ die *Phase* des Kreuzspektrums $f_{12}(\lambda)$.

Die Amplitude ist der Betrag des Kreuzspektrums, so daß

(9.59) $$A_{12}(\lambda) = [f_{12}(\lambda) \cdot f_{12}{*}(\lambda)]^{1/2}$$

Wegen (9.53) kann man somit auch für die Amplitude schreiben

$$A_{12}(\lambda) = [c_{12}^2(\lambda) + q_{12}^2(\lambda)]^{1/2}, \quad (9.60)$$

denn der Betrag einer komplexen Zahl errechnet sich als Wurzel aus der Summe der Quadrate der Koordinaten (der algebraischen Schreibweise).

Die Phase des Kreuzspektrums ist gegeben durch

$$\varphi_{12}(\lambda) = \text{arc tg}\{\frac{\text{Im}[f_{12}(\lambda)]}{\text{Re}[f_{12}(\lambda)]}\}, \quad (9.61)$$

also als Arkustangens (d.h. der inversen Funktion des Tangens) des Verhältnisses von Imaginärteil zu Realteil des Kreuzspektrums. Dies folgt daraus, daß der Tangens des Phasenwinkels φ gleich dem Verhältnis von Imaginärteils zum Realteil des Kreuzspektrums ist. Wegen (9.53) können wir daher auch schreiben, daß

$$\varphi_{12}(\lambda) = \text{arc tg}\,[\frac{q_{12}(\lambda)}{c_{12}(\lambda)}]. \quad (9.62)$$

Hierbei gilt $\lambda \in [-\pi/2, \pi/2]$, da der Tangens nur in diesem Intervall seinen Hauptwert besitzt.

Für $q_{12}(\lambda) = 0$ folgt aus (9.62), daß $\varphi_{12}(\lambda) = 0$. Dies bedeutet, daß das Kreuzspektrum an den Stellen, an denen es reellwertig ist, keinen Imaginärteil besitzt, mithin die Phasenverschiebung Null ist und umgekehrt. An diesen Frequenzstellen liegen also die beiden miteinander zu vergleichenden Zufallsvariablen in Phase.

9.6.5. Quadratische Kohärenz

Die quadratische Kohärenz mißt den Zusammenhang zwischen den beiden Zufallsvariablen an übereinstimmenden Frequenzstellen. Zu diesem Zweck wird das Betragsquadrat des Kreuzspektrums mit dem Produkt der Autospektren normiert. Somit ist die *quadratische Kohärenz* als reellwertiges Maß definiert als

$$\kappa_{12}(\lambda) = \frac{f_{12}(\lambda) \cdot f_{12}^{*}(\lambda)}{f_{11}(\lambda) \cdot f_{22}(\lambda)} . \tag{9.63}$$

Wegen (9.53) kann man dafür auch schreiben

$$\kappa_{12}(\lambda) = \frac{c_{12}^{2}(\lambda) + q_{12}^{2}(\lambda)}{f_{11}(\lambda) \cdot f_{22}(\lambda)} . \tag{9.64}$$

Durch diese Normierung ist sichergestellt, daß für die quadratische Kohärenz an jeder Frequenzstelle gilt

$$0 \leq \kappa_{12}(\lambda) \leq 1. \tag{9.65}$$

Für die Untergrenze Null des Werts der quadratischen Kohärenz ergibt sich, daß dann an den betrachteten Frequenzstellen λ kein Zusammenhang zwischen den beiden Zufallsvariablen besteht. Wird an einer Frequenzstelle λ die Obergrenze 1 des Werts der quadratischen Kohärenz beobachtet, so bedeutet das, daß die betrachtete Schwingung mit zugehöriger Periodizität identisch in beiden Zufallsvariablen zur Wirkung kommt. So besteht eine formale Ähnlichkeit mit dem Bestimmtheitsmaß (engl. *coefficient of determination*, berechnet als Quadrat des Korrelationskoeffizienten), das in der Regressionstechnik Verwendung findet. Während letzteres im Zeitbereich Zusammenhänge zwischen zwei Zufallsvariablen mißt, erfolgt mit der quadratischen Kohärenz eine Messung der Zusammenhänge im Frequenzbereich.

9.6.6. Die Gains

Mißt man die Wirkung des Autospektrums der Zufallsvariablen X_1 auf das Kreuzspektrum an einer bestimmten Frequenzstelle λ, so erhält man den *Gain*

$$(9.66) \qquad G_{2|1}(\lambda) = \frac{|f_{12}(\lambda)|}{f_{11}(\lambda)}.$$

Da hierzu der Betrag des Kreuzspektrums verwendet wird, ist der Gain eine reellwertige Funktion. Die Schwingung der Zufallsvariablen X_1 wird somit als ursächlich angesehen.

Analog läßt sich die Wirkung des Autospektrums der Zufallsvariablen X_2 auf das Kreuzspektrum an einer bestimmten Frequenzstelle λ messen mit dem alternativen *Gain*

$$(9.67) \qquad G_{1|2}(\lambda) = \frac{|f_{12}(\lambda)|}{f_{22}(\lambda)}.$$

Hier wird die Schwingung der Zufallsvariablen X_2 als ursächlich angesehen. Zu beachten ist, daß der Betrag der beiden Kreuzspektren $f_{12}(\lambda)$ und $f_{21}(\lambda)$ übereinstimmt, da sie konjugiert komplexe Zahlen darstellen.

Nach Konstruktion ergibt das Produkt der beiden Gains die quadratische Kohärenz.

Auch hier läßt sich eine Analogie zur Regressionstechnik feststellen, wo das Produkt des Regressionskoeffizienten b der linearen Einfachregression mit dem Regressionskoeffizienten b′ der Kehrfunktion bekanntlich das Bestimmtheitsmaß ergibt.

9.6.7. Erweiterungen

In der statistischen Praxis hat man somit die Möglichkeit, durch Serien bivariater Vergleiche Zusammenhänge innerhalb einer Familie von Zufallsvariablen herauszuarbeiten.

Für praktizierende Ökonomen(z.B. Konjunkturforscher) und Ökonometriker dürften die frequenzanalytischen Ansätze von einigem Reiz sein, da sie die klassischen Untersuchungen im Zeitbereich unterstützen können, wenn ganz bestimmte Schwingungen herausgearbeitet und für die Prognose genutzt werden können. Auch liefert das Maß der quadratischen Kohärenz neue Erkenntnisse neben den Aussagen des Bestimmtheitsmaßes und der Autokorrelationen.

Die Nutzung dieser Ansätze hängt wesentlich davon ab, inwieweit es in den nächsten Jahren gelingt, bivariate Schätzprogramme einem größeren Kreis von Anwendern zur Verfügung zu stellen. Die allgemeine Weiterentwicklung von Computerprogrammen zur Regressionstechnik in den letzten Jahren läßt derartige Hoffnungen nicht unbegründet erscheinen.

Theoretisch bestehen Ansätze zu multivariaten spektralen Analysen, auf die hier nicht eingegangen werden soll, solange sie praktisch noch nicht genutzt werden können.

Weiterführende Literatur

Dhrymes (1970)
Fishman (1969)
Granger-Hatanaka (1964)
Jenkins-Watts (1968)
Parzen (1967)
Robinson (1967)
Yaglom (1962)

Anhang

A1. Transformationen des Zeitindexes

A1.1. Additive Transformationen

Für eine Zufallsvariable X mit Erwartungswert $E(x) = \mu_X$ und Varianz $V(X) = \sigma_X^2$ und eine additive Konstante c gilt bekanntlich (vgl. Leiner (1980), Abschnitt 7.3):

$$E(X + c) = \mu_X + c \text{ und } V(X + c) = \sigma_X^2.$$

Dies bedeutet, daß sich die Varianz einer Zufallsvariablen nicht ändert, wenn alle Realisationen sich um c erhöhen (entsprechend für negative c). Man nennt dies die *Translationsinvarianz* der Varianz. Sie gilt auch für die Standardabweichung, die als positive Quadratwurzel aus der Varianz hervorgeht. Wir können also bemerken, daß additive Transformationen der Skalierung einer Variablen deren Varianz nicht verändern.

Für eine weitere Zufallsvariable Y mit $E(Y) = \mu_Y$ und $V(Y) = \sigma_Y^2$ und eine additive Konstante k gilt entsprechend

$$E(Y + k) = \mu_Y + k \text{ und } V(Y + k) = \sigma_Y^2 .$$

Wir berechnen die *Kovarianz* der beiden transformierten Zufallsvariablen und erhalten durch Umformungen

$$\begin{aligned} \mathrm{Cov}(X+c, Y+k) &= E\{[(X+c) - (\mu_X + c)][(Y+k) - (\mu_Y + k)]\} \\ &= E\{[(X - \mu_X)(Y - \mu_Y)]\} \\ &= \mathrm{Cov}(X, Y). \end{aligned}$$

Wir stellen fest, daß auch die Kovarianz invariant ist gegenüber additiven Transformationen beider Variablen. Die *Translations-invarianz* der Kovarianz ist im übrigen plausibel, weil die Kovarianz die Verallgemeinerung (für Y = X) der Varianz ist.

Es folgt daraus, daß auch der *Korrelationskoeffizient* nach Bravais-Pearson

$$\rho_{X,Y} = \frac{\mathrm{Cov}(X, Y)}{\sigma_X \ \sigma_Y}$$

translationsinvariant ist.

Auch die Schätzung des *Regressionskoeffizienten*

$$b = \frac{\mathrm{cov}(x, y)}{s_x^2}$$

ist daher translationsinvariant.

Dies bedeutet in der Zeitreihenanalyse, wenn die Zufallsvariable X durch den Zeitindex t ersetzt wird, daß auch die Schätzung des Regressionskoeffizienten eines linearen Trendpolynoms translations-invariant ist.

Wird somit der Zeitindex t = 1, ..., T an jeder Stelle um die Konstante (T+1)/2 vermindert, so entsteht der neue Zeitindex mit

$$-\,(T-1)/2\ , \ldots, (T-1)/2$$

mit dem Effekt, daß der Mittelwert des neuen Zeitindexes gleich Null ist.

Die Steigung ändert sich nicht durch diese additive Transformation, wohl aber der Ordinatenabschnitt a, der in den Mittelwert der endogenen Variablen übergeht.

A1.2. Multiplikative Transformationen

Für eine multiplikative Konstante erhalten wir mit der vereinbarten Notation von A1.1. nun

$$E(cX) = c\,E(X) = c\,\mu_X \quad \text{und}$$

$$V(cX) = E[(cX - c\,\mu_X)^2] = c^2\,E\,[(X - \mu_X)^2] = c^2\,\sigma_X^2$$

Für die Kovarianz folgt

$$\begin{aligned} Cov(cX, kY) &= E[(cX - c\,\mu_X)(kY - k\,\mu_Y)] \\ &= c\,k\,E[(X - \mu_X)(Y - \mu_Y)] \\ &= c\,k\,Cov(X, Y). \end{aligned}$$

Im Korrelationskoeffizienten der transformierten Variablen

$$\rho_{cX,\,kY} = \frac{c\,k\,Cov(X, Y)}{c\,\sigma_X \;\; k\,\sigma_Y} = \rho_{XY}$$

kürzen sich die multiplikativen Konstanten heraus. Somit ist festzuhalten, daß der Korrelationskoeffizient sich nicht ändert durch eine multiplikative Transformation.

Für den Regressionskoeffizienten der multiplikativen Transformation gilt

$$b' = \frac{c\,k\,cov(x, y)}{c^2\,s_x^2} = \frac{k}{c} \cdot b\,.$$

Wenn die Werte der Beobachtungen y_1, y_2, ..., y_T selbst nicht transformiert werden, so ist $k = 1$.

Wird jedoch anstelle von

$$t = -(T-1)/2, \ldots, (T-1)/2$$

für gerade T

$$t = -(T-1), \ldots, T-1$$

verwendet, so ist c = 2 und der Regressionskoeffizient b verändert sich zu b′ = b/2.

Die Empfehlung, für z.B. T = 8 die Indizierung t = -7, -5, -3, -1, 1, 3, 5, 7 zu verwenden, führt also zu einem anderen Wert des Regressionskoeffizienten b. Es ist also darauf zu achten, daß der zeitliche Abstand aufeinanderfolgender Werte von t genau 1 bleibt, wenn sich die Steigung nicht ändern soll. Dafür muß man akzeptieren, daß für T = 8 das t läuft von - 3,5 bis 3,5.

A2. Trendschätzungen am aktuellen Rand

A2.1. Linearer Trend

Für einen linearen Trend ist

(2.15) $$\hat{x}_\tau = a_0 + a_1 \cdot \tau, \qquad \tau = -m, \ldots, 0, \ldots, m$$

die Trendschätzung in einem Stützbereich mit 2m+1 = M Elementen.

Wegen

(2.55) $$\sum_{\tau=-m}^{m} \tau^2 = \frac{M(M^2 - 1)}{12}$$

erhalten wir aus

(2.24) $$a_1 = \frac{\sum_{\tau=-m}^{m} \tau \cdot x_\tau}{\sum_{\tau=-m}^{m} \tau^2}$$

die Schätzung für die Steigung als

(A2.1) $$a_1 = \frac{12 \cdot \tau}{M(M^2 - 1)} \sum \tau \cdot x_\tau .$$

Zusammen mit

(2.22) $$a_0 = \frac{1}{M} \sum x_\tau$$

liefert Gleichung (2.15) an der Stelle τ = m (aktueller Rand) die Trendschätzung

$$\hat{x}_m = \frac{1}{M} \Sigma x_\tau + \frac{12m}{M(M^2 - 1)} \Sigma \tau \cdot x_\tau \,. \tag{A2.2}$$

In allen Summen läuft τ von -m bis m.

A2.2. Polynomialer Trend 2. Grades

Für einen polynomialen Trend 2. Grades ist

$$\hat{x}_\tau = a_0 + a_1 \cdot \tau + a_2 \cdot \tau^2 \,, \qquad \tau = -m, ..., 0, ... m \tag{A2.3}$$

die Trendschätzung in einem Stützbereich mit 2m+1 = M Elementen.

Die Parameterschätzung a_1 für die Steigung erhalten wir wieder mit Gleichung (A2.1).

Die Parameterschätzung a_0 für den Ordinatenabschnitt hatten wir schon in Abschnitt 2.6. in der allgemeinen Formel (2.61) entwickelt.

In der Diskussionsschrift Nr. 28 (1988) des Instituts für international vergleichende Wirtschafts- und Sozialstatistik der Universität Heidelberg (mit dem Titel: Trendschätzungen am aktuellen Rand mit gleitenden Mitteln) hat der Autor auch die Berechnung von a_2 durchgeführt, die zu folgendem Ergebnis führt:

$$a_2 = \frac{15}{M(M^2 - 1)(M^2 - 4)} (12 \Sigma x \cdot \tau^2 - (M^2 - 1) \cdot \Sigma x_\tau). \tag{A2.4}$$

Durch Einsetzen der Parameterschätzungen in Gleichung (A2.3) erhält man die Trendschätzung an beliebigen Stellen τ des Stützbereichs. Hierbei sind eigene Computerprogramme recht nützlich.

A2.3. Polynomialer Trend 3. Grades.

Für einen polynomialen Trend 3. Grades ist

$$\hat{x}_\tau = a_0 + a_1 \tau + a_2 \tau^2 + a_3 \tau^3 \ , \tau = -m, \ldots, 0, \ , \ldots m \tag{2.46}$$

die Trendschätzung in einem Stützbereich mit 2m+1 = M Elementen.

Die Parameterschätzungen für a_0 und a_2 stimmen mit denen eines Trendpolynoms 2. Grades überein.

Für a_3 erhält man nach längerer Rechnerei (vgl. die oben zitierte Diskussionsschrift)

$$a_3 = \frac{140}{M(M^2-1)(M^2-4)(M^2-9)} (20\Sigma\, x_\tau \cdot \tau^3 - (3M^2 - 7)\Sigma\, x_\tau \cdot \tau) \tag{A2.5}$$

Dieses kann man dann rekursiv einsetzen (vgl. mit Gleichung (2.43)) in

$$a_1 = \frac{12}{M(M^2-1)} \Sigma\, x_\tau \cdot \tau \ - a_3 . \frac{3M^2 - 7}{20} . \tag{A2.6}$$

Natürlich kann man auch durch weitere Umformungen eine Formel für a_1 allein gewinnen.

Alle Parameterschätzungen werden in (2.46) eingesetzt, so daß Trendschätzungen an beliebiger Stelle des Stützbereichs möglich sind. Auch hier erweist sich ein eigenes Computerprogramm als nützlich. Sämtliche Summen laufen über τ = -m, ..., m.

Literaturverzeichnis

Anderson, O.D. (1976): Time Series Analysis and Forecasting. London-Boston.

Anderson, T.W. (1958): An Introduction to Multivariate Statistical Analysis. New York.

Anderson, T.W. (1971): The Statistical Analysis of Time Series. New York-London-Toronto.

Bartlett, M.S. (1946): On the theoretical specification of sampling properties of autocorrelated time series. Journal of the Royal Statistical Society, Series B, 8, S. 27ff.

Bennett, R.J. (1979): Spatial Time Series. London.

Blind, A. (1969): Allgemeine Methodenlehre der sozialwissenschaftlichen Statistik. Frankfurt am Main (Skriptum).

Bongard, J (1963): L'élimination des variations saisonnières par la méthode des modèles mobiles. Informations Statistiques, No. 1, S. 63-103.

Box, G.E.P. und G.M. Jenkins (1970): Time Series Analysis. San Francisco.

Brillinger, D.R. (1975): Time Series. New York.

Brown, R.G. (1963): Smoothing, Forecasting and Prediction of Discrete Time Series. Englewood Cliffs.

Burman, J.P. (1965): Moving seasonal adjustment of economic time series. Journal of the Royal Statistical Society, Series A, 128, S. 534-558.

Chatfield, C. (1975): The Analysis of Time Series. London.

Chisholm, R.K und G.R. Whitaker (1971): Forecasting Methods. Homewodd, Illinois.

Coutie, G.A. u.a. (1964): Short-Term Forecasting. Edinburgh-London.

Creutz, G. (1979): Möglichkeiten und Probleme der Beurteilung von Saisonbereinigungsverfahren. Frankfurt am Main.

Danckwerts, R.F. u.a. (1970): Die Saisonbereinigung nach dem ASA II Verfahren. In: Mitteilungen des RWI, Essen 21, S. 13ff.

Davis, H.T. (1963): The Analysis of Economic Time Series. San Antonio, Texas.

Dhrymes, P. J. (1970): Econometrics. New York-Evanston-London.

Driehuis, W. (1972): Fluctuations and Growth in an Near Full Employment Economy. Rotterdam.

Durbin, J. (1960): The fitting of time series models. Review of the International Statistical Institute, 28, S. 233-243.

Engle, R.F. Und C.W.J. Granger: Cointegration and Error Correction: Representation, Estimation and Testing. Econometrica, 55, S. 251-276.

Fishman, G.S. (1969): Spectral Methods in Econometrics. Cambridge, Massachusetts.

Fuller, W.A. (1976): Introduction to Statistical Time Series. New York-London-Sydney-Toronto.

Granger, C.W.J. und M. Hatanaka (1964): Spectral Analysis of Economic Time Series. Princeton, New Jersey.

Gregg, J.V. u.a. (1964): Mathematical Trend Curves. Edinburgh.

Guest, P.G. (1961): Numerical Methods of Curve Fitting. Cambridge.

Hamilton, J.D. (1994): Time Series Analysis. Princeton.

Hannan, E.J. (1970): Multiple Time Series.

Harrison, P.J. (1965): Short term sales forecasting. Applied Statistics, 14, S. 102-139.

Harrison, P.J. (1967): Exponential smoothing and short-term sales forecasting. Management Science, 13, S. 821-842.

Heiler, S. (1971): Wirtschaftsprognosen auf der Grundlage der Theorie schwach stationärer Prozesse. Meisenheim am Glan.

Holt, C.A. und R.W. Shore (1980): Bayesian Analysis in Economic Theory and Time Series Analysis. Amsterdam-New York-Oxford.

Jenkins, G.M. (1961): General Cosiderations in the Analysis of Spectra. Technometrics, 3, S. 133-166.

Jenkins, G.M. und D.G. Watts (1968): Spectral Analysis and its Applications. San Francisco-Cambridge-London.

Karr, W. (1973): Die Saisonbereinigung der Arbeitslosenstatistik - Ein Verfahrensvergleich. Wiesbaden.

Kendall, M. (1976): Time Series. 2. Aufl., London.

Kendall, M.G. und A. Stuart (1966): The Advanced Theory of Statistics. Bd. 3: Design and Analysis, and Time Series. London.

Kondratieff, N.D. (1935): The long waves in economic life. Review of Economics and Statistics, 17, S. 105-115.

Leiner, B. (1969): Ökonometrische Schätzverfahren. Saarbrücken (Dissertation).

Leiner, B. (1975): Vergleich einiger autoprojektiver Verfahren. Statistische Hefte, 16, S. 29-38.

Leiner, B. (1976): Transferfunktionen von Differenzenfiltern und gleitenden Durchschnitten. Statistische Hefte, 17, S. 211-222.

Leiner, B. (1978): Spektralanalyse ökonomischer Zeitreihen. 2. Aufl., Wiesbaden.

Leiner, B. (1996): Einführung in die Statistik. 7. Aufl., München-Wien.

Lewandowsky, R. (1974): Prognose- und Informationssysteme und ihre Anwendungen. Bd. 1. Berlin-New York.

Lewandowsky, R. (1980): Prognose- und Informationssysteme und ihre Anwendungen. Bd. 2. Berlin-New York.

Menges, G. Ökonometrische Prognosen. Köln-Opladen 1967.

Mertens P. (Hrsg.) (1981): Prognoserechnung. 4. Aufl., Würzburg-Wien.

Mohr, W. (1976a): Univariate autoregressive moving-average-Prozesse. Würzburg.

Mohr, W. (1976b): Bemerkungen über univariate ARIMA-Modelle und ihre Anwendungen in der Zeitreihenanalyse. In: Beiträge zur Zeitreihenanalyse. Hrsg.: K.-A. Schäffer. Göttingen, S. 35-57.

Nelson, C.R. (1973): Applied Time Series Analysis For Managerial Forecasting. San Francisco.

Nullau, B. (1970): Probleme bei praktischen Anwendungen des „Berliner Verfahrens". In: Neuere Entwicklungen auf dem Gebiet der Zeitreihenanalyse. Göttingen , S. 95-129.

Otnes, R.K. und L. Enochson (1972): Digital Time Series Analysis. New York.

Parzen, E. (Hrsg.) (1967): Time Series Analysis Papers. San Francisco.

Quenouille, M.H. (1949): Approximate terms of correlation in time series. Journal of the Royal Statistical Society, Series B, 11, S. 68-84.

Quenouille, M.H. (1957): The Analysis of Multiple Time-Series. London.

Robinson, E.A. (1967): Multichannel Time Series Analyis with Digital Computer Programs. San Francisco-Cambridge-London.

Schäffer, K.-A. (Hrsg.) (1976): Beiträge zur Zeitreihenanalyse. Göttingen.

Schips, B. und W. Stier (1974): Zum Problem der Saisonbereinigung ökonomischer Zeitreihen. Metrika, 21, S. 65-81.

Schips, B. und W. Stier (1975): Gedanken zum Problem der Saisonbereinigung am „aktuellen Rand" einer Zeitreihe. IFO-Studien, 21, Heft 1/2, S. 59-65.

Schlittgen, R. und B.H.J. Streitberg (1984): Zeitreihenanalyse. München-Wien.

Shiskin, J. (1967): The X-11 Variant of the Census Method II Seasonal Adjustment Program. Bureau of the Census, Technical Paper No. 15.

Slutzky, E. (1937): The summation of random causes as a source of cyclic processes. Econometrica, 5, S. 105-146.

Soyka, D. (1996): Alternative Ansätze zur Modellierung des Zusammenhangs zwischen saisonbehafteten Zeitreihen. Frankfurt am Main.

Stier, W. (1980): Verfahren zur Analyse saisonaler Schwankungen in ökonomischen Zeitreihen. Berlin-Heidelberg-New York.

Tintner, G. (1940): The Variate Difference Method. Bloomington, Indiana.

Tintner, G. u.a. (1978): New Results in the Variate Difference Method. Göttingen.

Walker, G. (1931): On periodicity in series of related terms. Proceedings of the Royal Society of London, Series A, 131, S. 518-532.

Wetzel, W. (Hrsg.) (1970): Neuere Entwicklungen auf dem Gebiet der Zeitreihenanalyse. Göttingen.

Wiener, N. (1949): The Extrapolation, Interpolation and Smoothing of Stationary Time Series with Engineering Applications. Cambridge, Massachusetts.

Winters, P.R. (1960): Forecasting sales by exponentially weighted moving averages. Management Science, 6, S. 324ff.

Wold, H. (1954): A Study in the Analysis of Stationary Time Series. 2. Aufl., Uppsala 1954.

Wold, H.O.A. (1965): Bibliography on Time Series and Stochastic Processes. Edinburgh.

Yule, G.U. (1927): On a method of investigating periodicities in disturbed series, with special reference to Wölfer's sunspot numbers. Philosophical Transactions, Series A, 226, S. 267-298.

Zurmühl, R. (1964): Matrizen und ihre technischen Anwendungen. Berlin-Göttingen-Heidelberg.

Yaglom, A.M. (1962): An Introduction to the Theory of Stationary Random Functions. Englewood Cliffs, New Jersey.

Sachverzeichnis

www.ingramcontent.com/pod-product-compliance
Lightning Source LLC
LaVergne TN
LVHW042243300926
849161LV00003B/447